KB089384

마음받침

- 퇴근길에 만난 안데르센 -

나, 너, 우리.
행복한 삶을 찾기 위한 자기 성장 지침서

ium

프로젝트 '이음'

본 도서는
독립된 저작물이자 동시에 '이음교육'에서 주관하는 교육의 교재입니다.

도서의 내용 및 교육실습의 행태 등과 관련하여 지적재산권을 보장받고 있습니다.

책의 내용을 발췌 및 인용하거나 교육실습의 행태로 이용, 또는 내용을 변형하여 유포하거나 상업화할 시에
는 반드시 저자와 출판사의 허락을 구해야 합니다.

마음받침

이 책은 열심히 살아가는 것에 지친 어른들과
행복한 삶을 꿈꾸는 어른들을 위한
'마음받침'입니다.

열심히 살아가는 것에 지친 당신에게 필요한 건
멈춤과 돌아봄, 나를 보살피는 일이다.

지금은 벌거벗은 임금님에게 다시 옷을 건네줄 시간

- 이음교육 대표 윤지영

어린 시절, 누군가가 무엇을 하고 싶은지 물어보면 무엇이라 답했었나요? 저 또한 어린 시절 하고 싶은 일이 있었고, 하고 싶은 일을 이룰 수 있을 것이라 기대하며 지냈습니다. 하지만 시간이 지나면서 무엇을 하며 살고 싶은지 물어보는 이들의 질문에 무엇이라 답하기가 어려워졌습니다. 물론, 하고 싶은 것이 사라진 것은 아니었습니다. 단지 오늘 살아가는 것이 바쁘다는 핑계로 하고 싶은 것들이 가려져 있었습니다.

독서 수업을 하던 때, 한 꼬마 아이가 건넨 책이 있었습니다. 3분도 되지 않아서 다 읽을 수 있는 한 권의 책은 한참이나 넋 놓게 했습니다.

"열심히 해. 열심히 하면 뭐든 다 할 수 있어."

"나는 사람들이 열심히 하라고 이야기하지 않았으면 좋겠어. 난 지금까지 최선을 다해서 열심히 살아가고 있다고. 열심히 살아가라는 말이 나를 더 힘들게 해."

오늘도 내일을 위해 열심히 살아가고 있는 저에게 던지는 메시지 같았습니다. 그때부터 저는 열심히 살아가고 있는 이유를 생각해보기로 했습니다. 학창 시절부터 직장생활을 하면서까지 단 한 번도 열심히 살지 않은 적이 없습니다. 하지만 무엇을 위해 열심히 살아가고 있느냐고 묻는 물음에는 단지 미래를 위해서라는 이야기밖에 하지 못했습니다. 다가올 미래를 위해 오늘을 힘겹게 살아가는 것이 맞는 것일까? 오늘이 행복하지 않은데 내일이 행복할 수 있는가에 관한 질문을 스스로 던지면서 결심했습니다. 잃어버린 나를 찾아가기로. 그때부터 나를 찾기 위한 여정이 시작되었습니다. 하루하루 열심히 걸어온 그 길이 진정 내가 원하는 길이었는지, 많은 사람들이 걸어가고 있는 길이라는 이유로 타인의 발걸음에 맞추어 걸어오게 된 길은 아니었는지부터 시작하여 과거부터 현재, 또 그리는 미래에 대해서 생각해보았습니다. 스스로 던진 질문의 답을 찾기 위해 시작한 대화는 그동안 솔직하지 못했던 저의 모습을 과감히 꺼내기 시작했습니다. 깊숙하게 묻어두고 오랜 시간 동안 관심을 두지 못한 나에게 안쓰러움과 미안함, 지금까지 견뎌온 것에 대한 고마움을 느끼게 했습니다. 그리고 나와의 대화는 자신을 더욱 단단하게 만들 수 있는 길이라는 믿음을 가지게 되었습니다.

대학생, 직장인 등 다양한 사람을 만나는 직업을 갖게 되면서 열심히 살아가는 사람들을 만날 기회가 많습니다. 하루를 시간 단위로 쪼개는 것이 부족해 분 단위, 초 단위로 쪼개어 살아가는 사람들을 보면서 그들에게 배울 점을 찾기도 하고, 때로는 그들에 비해 현재 내가 가진 열정이 부족하다고 느껴 조바심이 들 때도 있습니다. 주위 사람들을 둘러보면 각자의 위치에서 해야 할 일들을 해내기 위해 열심히 살아가지 않는 사람이 없습니다. 젖 먹던 힘까지 다해 열심히 살아가는 사람들은 점점 더 많아지는데 왜 우리는 늘 불안하고, 자신이 하는 일, 가고 있는 길에 대한 의문을 품으며 살아가는 것일까요?

쉽게 답을 얻을 수 있는 고민이 아니었기에, 물음은 점점 더 구체화 되고, 점점 더 깊어졌습니다. 어느 순간 물음은 우리의 불안이 어디서 출발한 것인가로 바뀌었고, 다시 그 불안을 지혜롭게 제어하는데 필요한 건 또 무엇인가로 바뀌었습니다.

그러다 마지막에 만난 물음이 우리 마음속에서 가장 연약한 살점은 무엇이고, 우리 기억의 시작점에서 만들어진 인간성의 근원으로 그 연약한 부위를 안아줄 수는 없을까? 하는 물음이었습니다.

간절히 원하면 이루어진다고 했던가요? 물음을 가슴에 품고 살아가다 보니 답은 전혀 뜻하지 않은 곳에서 찾아왔습니다. 이미 익히 잘 알고 있다고 생각했던 동화 한 편이 저에게 길을 밝혀주었습니다. 바로 안데르센의 동화, 「벌거벗은 임금님」이었습니다.

대부분 어린 시절 동화책으로 한 번쯤을 접해봤을 이야기. 모두가 안다고 생각하고 있는 그 이야기가 맞습니다.

「벌거벗은 임금님」에는 마음씨 좋은 장관과 정직한 대신이 나옵니다. 그들은 임금님의 명령으로 옷이 잘 만들어지고 있는지 확인하기 위해 현장을 감독하게 되는 신하들이죠. 그들은 묘사된 것처럼 마음씨 좋고, 정직하기도 한 사람들입니다. 결코 나쁜 사람들이 아니었습니다. 다만 자신들의 직책과 명예가 위협받을 수도 있다는 사실에 자신의 소신을 지키지 못하고 사기꾼들의 계략에 빠지는 피해자가 되었습니다. 그건 임금님도 마찬가지였습니다. 귀한 옷감으로 만들어진 세상에 둘도 없는 옷을 입어보고 싶다는 스스로가 만든 욕심에 갇혀 진실을 마주할 용기를 잃게 되었습니다.

덕분에 모든 신하가 사기꾼에게 속고, 임금님도 사기꾼에 속고, 임금님이 알몸으로 행차하는 동안에도 모든 시민이 속은 상태로 두 눈만 멀뚱거리고 있습니다. 그런데 이런 바보 같은 순간을 깬 것은 누구였을까요? 바로 아무것도 모르는 순진한 꼬마였습니다.

"하지만, 임금님은 아무것도 입지 않았는걸."

저는 이 한 문장을 통해 그간 어지러웠던 머릿속이 정리되었습니다. 해답의 실마리를 바로 동심의 회복에서 찾은 것입니다.

어른이 된 우리들의 눈에는 세상이 단순하지 않습니다. 삶을 살아가기 위해서는 챙겨야 할 게 너무 많아지게 된 것이죠. 그건 마음씨 좋은 장관과 정직한 대신처럼 순간의 판단을 흐리게 만드는 요소로 작용하게 됩니다. 나쁜 사람이라서 나쁜 선택을 하게 되는 것이 아니라, 끊임없는 경쟁 속에서 손해를 볼 수 있다는 생각, 자신의 입지가 흔들릴 수도 있다는 생각에 정작 챙겨야 할 것들을 놓치게 되는 것들이죠. 동심은 복잡한 세상을 투명하게 바라볼 수 있게 해주는 힘입니다. 살아오면서 잃어버린 것들, 우리가 타협하며 스스로 지워낸 것들이 사실은 오늘을 버티게 해주는 힘이 되어 줄 수 있는 귀한 것들이었습니다. 치열한 경쟁 속에서 부서진 마음의 조각들 하나하나가 바로 나, 너, 우리로 연결되는 가장 기본적인 시작점이라 생각합니다. 무수히 많은 점이 선을 만들고, 다시 수 많은 선이 모여 하나의 원을 그려나가니까요.

저는 그런 동심을 회복한 어른만이 다시 세상으로 나아갈 수 있다고 믿습니다. 나를 알고, 타인을 알고, 우리를 알게 되어 함께 살아가는 길을 정리한 사람이 행복한 삶에 닿을 수 있는 것이라고요.

마음받침 - 퇴근길에 만난 안데르센을 통해 '나'와의 대화를 시도해보기를 기대합니다. '할 수 있다'라는 표면적인 위안이 아닌 내면과의 대화를 통해서 지금까지 잊고 살아가고 있었던 것을 하나하나 꺼내 보는 기회를 제공하고 싶습니다. 나에게 관심을 가질 수 있는 시간을 통해 그늘진 마음에 밑받침을 튼튼하게 엮어 오늘을 살고, 내일을 꿈꿀 수 있게 힘이 되어 주는 시간이 되었으면 합니다.

이 책은 열심히 살아가는 것에 지친 어른들과 행복한 삶을 꿈꾸는 어른들을 위한 '마음받침'입니다.

목 차

Chapter 2. 기준

Chapter 5. 결심

Chapter 01

발견

온전히 나를 위한 시간을 위해
'나'라는 존재를 깊이 들여다보고
잊고 지낸 '나'를 발견하는 시간

"괜찮아,

난 저런 종달새를 직접 보고,

직접 노랫소리도 들을 수 있는걸!

햇살이 날 안아주고

바람이 내게 입 맞추잖아.

난 이미 부자야."

발견 1. 데이지꽃

온전히 나를 위한 삶,
속도보다 중요한 건 방향.

이야기는 어느 시골의 별장에서부터 시작된다.

하얀 울타리가 둘러쳐진 멋진 작은 정원이 있는 별장이었다. 별장의 울타리 너머로는 작은 개울이 흐르고 그 위로는 푸르른 풀밭이 펼쳐져 누가 봐도 아름다운 곳이었다. 데이지꽃은 그 푸르른 풀밭, 한가운데에서 햇살을 받으며 무럭무럭 자라고 있었다.

키 작은 데이지꽃은 항상 겸손했다. 잎을 만져주는 햇살과 줄기를 쓰다듬어주는 바람이 있어 늘 행복했다. 키 작은 데이지꽃은 매일 같은 자리에서 고개를 들어 세상을 마주했다. 그런 데이지꽃에게 제일 큰 기쁨은 작은 종달새의 노래를 듣는 것이었다. 데이지꽃에겐 세상에서 제일 아름다운 소리가 작은 종달새의 노랫소리였다.

하늘을 날고, 노래를 부르며, 자유롭게 비행하는 행복한 종달새. 데이지꽃은 그런 종달새가 마냥 행복해 보여서 부러웠다. 그렇다고 종달새처럼 날개가 없다는 게, 노래를 부를 수 없다는 게 슬프지는 않았다.

'괜찮아, 난 저런 종달새를 직접 보고, 직접 노랫소리도 들을 수 있는걸! 햇살이 날 안아주고 바람이 내게 입 맞추잖아. 난 이미 부자야.'

울타리 너머 정원에는 아름다운 꽃들이 즐비했다. 꽃들은 모두 서로의 아름다움을 뽐내기 위해 바빴다. 그런 모습은 향기가 적을수록 더욱 치열했다. 뭐든 크다고 대단한 게 아닌데, 작약꽃은 조금이라도 장미꽃보다 더 커 보이려고 몸을 부풀렸다. 튤립도 지지 않고 몸을 세웠다. 꽃잎만큼은 누구보다도 아름답다고 생각했기 때문이다. 그들은 울타리 너머의 키 작은 데이지꽃 따위는 안중에도 없었다.

'정원에 핀 꽃들은 이 세상의 작품이 아닌 것 같아. 너무 아름다워! 종달새들도 저들에게만 날아가 노래하겠지? 저들의 아름다움을 가까이에서 볼 수 있어서 감사해. 이건 정말 행복한 일이지.'

바로 그때, 종달새 한 마리가 풀밭으로 날아와 앉았다. 아름다운 정원이 아닌 풀밭에! 화사한 장미, 아름다운 튤립, 풍성한 작약꽃이 아니라, 초라한 데이지꽃 앞에 내려앉은 것이다.

종달새는 노래를 부르며 키 작은 데이지꽃 주위를 빙글빙글 돌았다. 종달새에게는 작은 데이지꽃의 가운데 노란 부분이 황금처럼 보였고, 둘러싼 하얀 꽃잎은 은처럼 눈이 부셨다.

작은 데이지꽃은 눈물이 날 정도로 행복했다. 종달새는 그런 데이지꽃의 귓가에 달콤한 노래를 속삭이고는 가볍게 날아올라 푸르른 하늘 어딘가로 사라졌다. 데이지꽃은 황홀함에 정신이 아득해졌다.

그때, 정원에 핀 꽃들은 그 모습을 고스란히 지켜보고 있었다. 데이지꽃은 그런 사실이 너무 황홀했다. 반대로 정원의 꽃들은 하나같이 기분이 상해 심술을 내고 있었다. 튤립은 화가 나서 얼굴이 더 붉어졌고, 작약꽃은 가만히 앉아있지를 못해 더 커 보였다. 데이지꽃은 그런 꽃들의 모습에 마음이 아팠다.

…(후략)

온전히 나를 위한 삶, 속도보다 중요한 건 방향

종달새에게는 작은 데이지꽃의
가운데 노란 부분이 황금처럼 보였고,
둘러싼 하얀 꽃잎은 은처럼 눈이 부셨다.

종달새에게 데이지꽃은
금과 은으로 빛이 났음에도 불구하고,
데이지꽃은 자신의 눈부심을 발견하지 못하고 다른 꽃들의
아름다움만 눈에 보였을까요?

누구에게나 눈부신 가치가 있음에도
내가 가진 것에 집중하지 못하고,
다른 사람이 가진 것만이 먼저 눈에 들어옵니다.

다른 사람의 것이 아닌
온전히 나만의 것을 생각해 보는 시간을 가지는 것.
그것이 나를 위한 출발입니다.

누가 나의 뒤만 쫓아오는 것도 아닌데,
마치 누군가에게 쫓기는 듯이 빨리 달려가려는 나를 본 적 있나요?

아무것도 하지 않으면 마치 혼자 뒤처지는 것 같아서
불안한 마음에 나를 돌볼 시간도 없이
오늘도 바쁜 시간을 보내는 나를 보며
무엇을 위해 달려가고 있는지 물음표를 던집니다.

잠시만 멈춰보세요.
어쩌면 우리에게 더 소중한 것들이 있을지도 몰라요.
지금까지 보지 못한 세상에서 가장 소중한 나를 돌아보세요.

멈추고 나서야 비로소 보이는 것들이
어쩌면 살아가면서 잊고 지낸 소중한 것일지도 몰라요.

바삐 가는 것보다
원하는 것을 향해 살아가기 위한 삶의 지침서.
온전히 나를 위한 삶을 생각해 보도록 해요.

내가 기대하는 것을 내 안에서부터 찾아보는 여행의 시간.

이 책을 통해 당신이 잊고 지낸 지난날의 나를 떠올리고,
당신의 삶을 더욱 풍요롭게 만들 수 있는 기회가 되길
진심으로 바랍니다.

이 책을 통해 찾고 싶은 '나'

작성날짜 :

이 책을 통해 본인의 어떤 모습을 찾기를 원하시나요?
현재 내 머리 속을 채우고 있는 것들을 정리해보고,
기대하고 있는 부분들을
하나씩 구체적으로 그림 안에 명확히 표현해보세요.

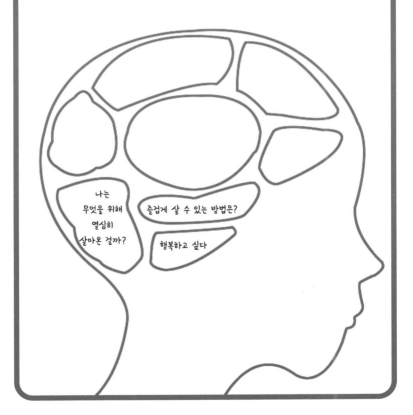

필립 코틀러의 S.M.A.R.T한 목표 설정

Specific 구체적인 목표

Measurable 측정 가능한 목표

Achievable 실현 가능한 목표

Realistic 현실적인 목표

Time-Bounded 달성 가능한 날짜

개인 행동 변화에 있어서
내가 원하는 것이 무엇인지 정리해보는 것은 중요합니다.
내가 원하는 것을 분명히 하기 위해서
SMART한 목표설정 방법을 적용해 볼 것을 추천합니다.

* One - Action
  잃어버린 나를 찾아가기
  방법 1. 내가 좋아하는 것이 무엇이었는지 적어본다.
  방법 2. 지금하고 있는 일에서 즐거운 것이 무엇인지 찾아본다.
  방법 3. 이 책을 처음부터 끝까지 진지하게 읽고 작성해 본다.

당신이 원하는 것은 당신 마음속에,
깊은 내면에 숨어 있어서
그동안 보이지 않았는지 몰라요.

우리가 원하는 것,
내가 살고 싶은 삶의 기준을 스스로 세움으로써
우리가 나아가야 할 길을 찾아가길
진심으로 기대합니다.

나는 한 인간에 불과하지만 오롯한 인간이다.
나는 모든 것을 할 수는 없지만 무엇인가 할 수 있다.
그러므로 나는 내가 할 수 있는 것을 기꺼이 하겠다.

- 헬렌 켈러 -

"네가 생기가 넘치고 푸르를 때,

그 순간을 누리렴.

젊음을 만끽하란 말이야."

발견 2. 전나무

잊고 지낸 나의 과거,
나의 모습.

그리 멀지 않은 옛날, 좀 멀고 먼, 깊고 깊은 숲속 어딘가에 키가 작은 전나무 한 그루가 있었다. 햇살이 따사롭게 내려앉는 양지바른 곳에서 산들바람에 겨드랑이를 내맡긴 채 한가롭게 하늘을 살피고 있었다. 파란 도화지 위에서 모양이 변해가는 구름들을 바라보며, 전나무는 불만으로 가득한 불행한 심정을 맘껏 쏟아냈다.

'왜 나는 키가 작은 거지? 해마다 자라고는 있다 해도 이건 너무 작잖아! 내 주변엔 모두 키가 큰 녀석들뿐인데! 이래서는 어떤 새가 날아와서 둥지를 틀겠어?'

그렇게 제자리에서 불평불만만 쏟아내며 꼬박 삼 년의 시간이 흘렀다. 그 시간 동안 전나무는 제법 키가 자랐지만, 여전히 키가 더 컸으면 하는 바람뿐이었다.

해마다 가을이 되면 나무꾼들이 찾아와 키가 큰 나무들만을 베어갔는데, 전나무는 무서움을 느끼면서도 나무꾼들에게 끌려간 나무들의 다음이 너무나 궁금했다.

'대체 어디로 가는 걸까? 왜 키가 큰 녀석들만 베어가는 걸까? 역시 키가 작은 나무는 어디에도 쓸모가 없어서겠지? 아, 내가 조금만 더 컸더라면! 여기를 진작 벗어났겠지?'

체념으로 고개를 숙인 전나무를 바라보던 해님이 조용히 따사로운 햇살을 내려줬다.

"네가 생기가 넘치고 푸를 때, 그 순간을 누리렴. 젊음을 만끽하란 말이야."

그러나 전나무의 관심은 이미 나무꾼들의 발길을 따라 세상 밖으로 뻗어있었다. 덕분에 해님의 말이 조금도 들리지 않았다.

전나무는 상심 속에서 크리스마스 시즌을 맞이했다. 이번에는 나무꾼들이 이전과는 달리 키가 덜 자란 어린나무들을 베어갔다. 작고 귀여운 나무들을 트리로 사용하기 위해서였다.

'아, 난 왜 키가 이렇게 어정쩡한 거지? 차라리 계속 작았더라면 진작 베어졌을 텐데! 그래서 사람들이 사는 세상을 둘러볼 수 있었을 텐데! 이젠 크지도 않고, 작지도 않아!'

바람이 전나무의 가지를 흔들며 정겹게 말을 건넸다.

"우리 같이 푸른 젊음을 누려보자. 싱싱한 생명의 에너지를 느껴보자."

그러나 전나무는 그 말이 귀에 들리지 않았다. 다시 키가 줄어들 수는 없을 테니, 그저 빨리 자랐으면 하는 생각뿐이었다. 하루하루 불평과 불만이 더 쌓여갔다. 다행히 전나무의 가지는 튼튼해졌고, 잎은 무성해졌다. 전나무의 불평과는 달리 키는 무럭무럭 자라고 있었던 것이다.

그사이에 다시 해가 바뀌고, 다시 또 크리스마스가 찾아왔다. 사람들이 이번에는 망설임 없이 다가와 전나무부터 베어버렸다. 탐스럽게 잘 자란 전나무만큼 크리스마스트리로 어울리는 녀석은 없었던 것이다. 으랏챠. 나무꾼의 도끼날이 전나무에 깊게 박혔다. 전나무는 너무나 고통스러워 비명도 내지르지 못하고 그대로 정신을 잃어버릴 뻔했다.

'아, 뭐야, 뭐가 이렇게 아픈 거지? 이건 생각과 좀 다른데? 잠깐, 이대로 베어지면, 다시는 숲속으로 돌아오지 못하는 거지? 아, 친구들에게 작별 인사도 못 했는데… 해님과 종달새가 많이 보고 싶을 거 같아. 바람도. 들풀과도 이제 겨우 친해졌는데, 녀석이 들려주던 이야기를 아직 다 듣지도 못했는데…'

다시 한 번 도끼날이 깊게 박히고, 전나무가 정신을 차렸을 때는 이미 사람들이 사는 마을이었다. 아니, 마을의 어느 부잣집 거실이었다. 시녀와 하인들이 전나무를 치장하느라 한창이었다. 가지마다 사탕과 색종이, 양초를 달았다. 게다가 머리 꼭대기엔 금박으로 된 커다란 별까지 달아주었다.

'그렇군! 내가 크리스마스트리가 된 거군. 예전에 참새에게 들었던 이야기대로라면, 이제 해가 진 후에 내 가지마다 걸어 둔 양초에 불을 밝혀주겠지. 아, 두근거리는군. 그럼, 그 이후에는 어떻게 되는 거지? 숲에서 내려온 다른 나무들이 나를 보러 찾아올까? 참새가 창문 너머에서 들여다보려나? 그런데 겨울이나 여름에도 이렇게 장식을 달고 있어야 하는 걸까? 이런 걸 달고 있어도 키가 크긴 하려나?'

어지러운 생각들로 머리가 복잡해지자 껍질이 아프기 시작했다. 무거운 장식을 둘러메고 움츠리지도 못한 채 끙끙대고 있을 때, 문이 벌컥 열리며 아이들이 쏟아져 들어왔다. 와아아. 떠나갈 듯한 함성과 함께 아이들은 덮치듯이 전나무에게 달려들어 빙 둘러싸서는 소리를 지르며 가지에 달린 선물들을 뜯어내기 시작했다.

'젠장! 이게 다 무슨 일이야? 이봐, 조심해! 내 가지가 부러지잖아! 아얏! 이러다 내가 쓰러지고 말겠어! 앗! 뜨거워! 촛불에 가지가 타버렸잖아!'

그렇지만 정작 아이들은 전나무가 내지르는 비명을 전혀 듣지 못했다. 아니, 들을 생각조차 없었다. 오직 가지마다 달린 선물상자와 사탕들에만 관심이 있을 뿐이었다. 그렇게 한차례

폭풍이 지나가듯 아이들이 물러나자마자 밤이 찾아왔다.

'오늘은 첫날이라 당황했을 뿐이야. 내일은 떨지 않겠어. 어쨌든 화려한 치장이니까 즐겨줄 테야.'

그러나 그건 어디까지나 전나무의 바람이었다. 아침 해가 뜨자마자 하인들의 손에 이끌려 빛 한 점 들지 않는 구석진 다락방으로 옮겨졌다. 어둠 말곤 아무것도 존재하지 않는 곳이었다.

'대체 날 보고 여기서 뭘 하란 거지? 여기서는 아무것도 보고 들을 수가 없잖아?'

이상했다. 여러 날이 지나도록 아무도 전나무를 찾아오지 않았다. 사실은 이미 누구도 전나무가 있었다는 사실조차 기억하지 못하고 있었다.

'아, 여기가 어둡지만 않다면, 내 이야기를 들어줄 누군가가 있기만 한다면, 외롭지 않을 텐데. 그러고 보면, 숲속에선 참 좋았어. 가만히 있어도 토끼 녀석이 찾아와서 내 밑동을 뛰어넘으며 놀다가 갔지. 그땐 그게 달갑지 않았는데…'

그때, 어둠 건너편에서 찍찍 소리를 내며 생쥐 두 마리가 나타났다. 전나무는 반가워서 먼저 인사를 건넸다. 생쥐들도 전나무가 신기해서 곁으로 다가왔다. 전나무는 누가 시키지도 않았는데 아름다운 숲속의 풍경과 일상을 이야기해주었고, 크리스마스트리가 되어 구경했던 크리스마스 케이크에 관해서도 이야기해주었다.

"오, 행복했겠네? 정말, 많은 걸 보고 들었잖아?"

"응? 행복이라고?"

"그런데 늙은 전나무야, 넌 부엌에 있는 베이컨이나 치즈 이야기는 모르니?"

"늙긴 누가 늙었다는 거야? 부엌 따위는 몰라."

"그래? 그럼, 우린 이만 가보도록 할게."

생쥐들은 볼일을 다 봤다는 듯이 급히 사라졌다. 생쥐들의 발걸음 소리조차 들리지 않게 되자 전나무는 다시 생쥐들과 떠들던 순간이 간절해졌다. 그러나 생쥐들은 다시 돌아오질 않았다. 다시 헤아리기 어려울 만큼 많은 날이 흘렀다.

어느 날, 갑자기 다락방 문이 열리고 빛이 쏟아져 들어왔다. 다시 하인들의 손에 이끌려 마당으로 내려온 전나무는 기쁨에 두 팔을 들어 올리며 눈물을 쏟았다. 그런데 이게 어찌 된 일일까? 전나무 눈에 들어온 나뭇가지는 앙상하고 누렇게 시들어 생기를 잃은 채였다.

"이런! 정말… 다 지나갔구나! 다 지나가 버렸어. 그때가 행복했던 것인데, 그런 줄도 모르고 바보같이 다 놓치고 말았어!"

늙어버린 전나무가 신음을 다 흘리기도 전에 하인들이 달려들어 가지를 부러뜨리고 몸뚱이를 쪼갰다.

펑펑.

전나무의 조각들이 하나씩, 하나씩, 큰 무쇠솥 밑으로 던져졌고 이내 활활 타올라 버렸다. 그렇게 전나무의 생이 끝나며, 이야기도 끝을 맺었다. 결국 모든 이야기는 끝이 있기 마련이니까.

잊고 지낸 나의 과거, 나의 모습.

네가 생기가 넘치고 푸르를 때, 그 순간을 누리렴.
젊음을 만끽하란 말이야.

생기가 넘치고 푸를 때 즐기라는 그 말이
전나무에게는 왜 들리지 않았던 걸까요?

우리는 자신보다 어린 사람을 만나면
"지금이 좋을 때야, 실컷 즐겨."라는 말을 쉽게 합니다.

하지만 대부분 그 시절을 걷고 있는 사람들은 모르고 있죠.
그 시절의 내가 가장 좋을 때라는 사실을.
시간이 지난 후에야 우리는 이야기해요.

"그때가 참 좋았어!"라고…

누군가에게
예전 '나'를 이야기할 때,
주로 어떤 모습을 이야기하시나요?

전나무처럼 늘 만족스럽지 못한 모습인가요?
아니면, 전나무와는 정반대로
매 순간이 딱 이대로였으면 하고 바랐나요?

사람들은 자신이 겪은 일들을 기억하며 살아가기도 하고
기억하지 못한 채 지나치기도 하지요.
진짜 '나'는 지나온 시간을 통해 만들어지고 있는데도 말이죠.
나를 객관적으로 알기 위해서 내가 살아온 삶을 적어보아요.

또 그 시절의 내가
스스로 어느 정도 만족하고 있었는지 그려보아요.
지난 시절 동안 가장 빛났던 순간에
내 마음 역시 그 사실에 정말 만족하고 있었는지,
아니면 그렇지 않은 순간이 있었는지 되돌아보아요.

내가 살아온 그 길을 정리하며,
한 발 앞으로 걸어 나갈 기회를 만들어보세요.

지나온 여정 속에서 발견한 '나'

작성날짜 :

어릴 때부터 지금까지 걸어온 나의 여정을 돌아보세요.
걸어온 여정 속에서 누군가가 나를 인정해준,
혹은 내가 생각하기에 성취감이 높았던 때를 떠올려 보세요.
성취한 경험을 점수로 매긴다면, 몇 점을 주고 싶나요?

_____ 의 인생 곡선 그래프

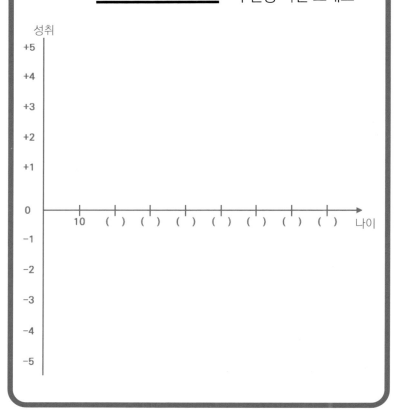

성공지표가 높다고 해서 결코 행복함을 느끼는 것은 아닙니다.
인생곡선과 더불어 내가 느낀 행복감은 어떠했나요?

———————————— 의 행복감 곡선 그래프

행복

+5

+4

+3

+2

+1

0

−1

−2

−3

−4

−5

10 ( ) ( ) ( ) ( ) ( ) ( ) ( ) 나이

다른 사람들이 높게 평가했던 순간들이
나에게는 잘하기 위해 애쓰느라
진정 나를 챙기지 못한 순간이라
느껴질 때가 있고,
다른 사람들이 낮게 평가했던 순간들이
나를 찾기 위한
진정 어린 시간이 되기도 하지요.

내 삶의 최고의 순간이
나에게 가장 행복한 순간이 될 수 있도록
나를 위해 살아가는 시간이 되길 바랍니다.

행복을 얻는데 필요하지 않은 것들은
아무리 많이 가져도 늘 충분하지 않다.

\- 에릭 호퍼

실망한 학자는 병이 들었고,

학자를 본 사람들은 누구랄 것도 없이

학자에게 그림자처럼 보인다고 말했다.

발견 3. 그림자

나는 언제부터
나를 잃어버린 걸까?

서늘한 북부 지역에서 살던 학자가 더운 나라로 여행을 떠났다. 처음에는 자유롭게 돌아다닐 생각이었지만, 오래지 않아 종일 집에서만 지내게 되었다. 서늘한 나라에서 살던 학자는 매우 영리하고 젊었지만, 찜통더위는 감히 어쩌지를 못했다.

더위에 지친 학자는 하루가 다르게 말라갔다. 그의 그림자도 덩달아 쪼그라들더니 마침내 해가 떠 있는 동안은 보이지 않을 정도였다. 저녁이 되어 해가 지고 난 뒤에야 겨우 보이곤 했다. 학자는 그렇게 그림자가 다시 찾아오는 시간이 좋았다. 그때가 되면, 더위를 피해 숨어 있던 사람들이 거리로 쏟아져 나와 시끌벅적했기 때문이다.

다만 학자가 사는 곳의 건너편 집만은 쥐 죽은 듯이 조용했다. 발코니에 아름다운 꽃들이 피어있는 걸로 봐선 분명 사람이 살고 있다. 게다가 늘 해가 진 후에는, 문이 반쯤 열리고 같은 곡을 무한히 반복하며 연습하는 소리가 들렸다. 그 외에는 어떤 소리도 들리지 않았다.

그러던 어느 날 저녁, 학자는 그의 그림자와 헤어지게 되었다. 헤어지는 과정은 매우 단순했다. 여느 날처럼 학자는 조용한 건너편 집 발코니를 바라보고 있었고, 길게 드리워진 학자의 그림자가 그곳을 가리고 있었다. 건너편 집은 너무나 조용해서 그 순간 살아 움직이는 거라곤 학자의 그림자 말고는 아무것도 없는 것 같았다.

"자, 거기 문이 열려있으니 집안을 살펴보고 내게 말을 해 줘. 과연 누가 살고 있는지, 어째서 그렇게 조용한지, 너도 궁금하잖아? 그러니 안을 들여다보고 내게 말을 해줘. 네가 쓸모가 있으려면 말이야."

학자는 혼잣말로 농담을 했고, 학자의 고갯짓을 따라 그림자도 고개를 끄떡였다.

"이제 가보렴. 하지만 완전히 가면 안 돼!"

학자가 일어서자 그림자도 일어섰고, 학자가 발코니에서 몸을 돌리자 그림자도 몸을 돌렸다. 그리고 학자가 방으로 돌아가 커튼을 내렸을 때, 그림자는 정말 건너편 집의 열린 문틈으로 사라지고 말았다.

학자는 그림자가 그렇게 말없이 떠나버린 게 여간 언짢은
게 아니었지만, 달리 다른 방법이 없었다. 다행히 더운 나라에
서는 더운 만큼 시간도 빨리 흘렀고, 그가 서늘한 북부 지역으
로 되돌아갈 때쯤엔 이미 새로운 그림자가 훌쩍 자라나고 있
었다. 고향으로 돌아온 학자는 책을 썼고, 시간은 더 빨리 흘러
여러 해가 지났다.

떠났던 그림자가 다시 찾아온 건 그러던 어느 날 저녁이었
다. 조용히 문을 두드리는 소리가 들려 학자가 문을 열어보니
그곳엔 옷을 잘 차려입은 신사가 있었다. 다만, 이상할 정도로
비쩍 마른 남자였을 뿐.

"당신의 옛 그림자를 몰라보겠소? 그래도 알아봐 주길 바랐
는데. 아, 내가 다시 돌아올 거란 생각을 전혀 않으셨나 보군
요. 보시다시피 당신에게서 떠난 뒤 아주 잘 지내고 있습니다.
이젠 몸에 살도 붙어서 옷도 입을 수 있게 되었죠. 하인을 둘
수 있을 만큼 넉넉해지기도 했고요."

그림자의 손에는 다이아몬드 반지가, 목에는 두꺼운 금목걸
이가 보였다.

"사람의 옛 그림자가 사람이 될 수 있다니 정말 놀라운걸.
그리고 대체 어떻게 된 거야? 그간 무슨 일이 있었던 거지?"

"당신만 따라다니던 제가 어느 순간 다 자라버렸다는 걸 알게 되어서 떠났을 뿐입니다. 그래서 부자가 되었을 뿐이고요. 그냥, 당신이 죽기 전에 당신을 보고 싶었어요. 내가 자란 여기도요. 누구나 고향은 그리워하는 법이잖아요. 아, 당신에게 새 그림자가 있다는 건 알고 있어요. 그 외에 내가 당신에게 빚진 게 있을까요? 말만 하세요."

"우리 사이에 빚이라니? 넌 그날 이후로 자유의 몸인걸. 난 지금 네가 반가울 뿐이야. 자, 앉아. 그간의 이야기 좀 들려줘. 특히 건너편 집에서 네가 본 것을 말이야. 그게 가장 궁금했어."

"다 말해 드리죠. 다만, 한 가지만 약속해 줘요. 앞으로 그 누구에게도 내가 당신의 그림자였다는 걸 절대로 말하지 않기로요. 주머니도 넉넉해졌으니 이젠 결혼도 하고, 가족도 꾸리고 싶어서요."

"그런 거라면 걱정하지 마. 자, 여기 악수로 약속하자고."

그림자는 얌전히 자리에 앉았다. 최고급 소재의 검정 정장과 다이아몬드 반지와 금목걸이, 화려한 장식이 박힌 장화가 그림자를 더욱 사람처럼 보이게 해주었다. 아니, 그런 차림들이 그림자를 완전한 사람으로 만들어 주고 있었다.

"건너편 집에는 그래서 누가 살고 있었지? 무얼 본 거야?"

"음, 부탁이 있어요. 이런 요구는 제가 거만해서가 아니라

저를 정말 자유인으로 봐주시고, 제가 혼자 이룬 부와 위치를 인정해 주신다면, '너'라는 호칭보단 이젠 '당신'으로 불러주셨으면 해요."

"아, 그래, 용서해줘. 당장 고치기엔 너무 오랜 세월이라서 그래. 앞으로는 주의하도록 할게."

그림자의 말에 따르면, 건너편 집에는 신의 여신이 살고 있었다고 한다. 거기서 그림자는 감히 그녀에게 다가갈 수가 없어서 응접실로 들어서기 전에 그녀가 남겨둔 모든 글을 읽었고, 천천히 생각하기로 했다. 그 과정에서 내적 존재를 깨닫고 완전히 성숙했다고 했다. 흥분에 휩싸였지만, 그땐 이미 시간은 적지 않게 걸려서 이미 학자는 고향으로 돌아온 뒤였다. 그리고 부끄러움을 알아버렸지만, 아무것도 거치지 못한 몸이라서 함부로 돌아다니지도 못했다고 한다. 한동안은 그래서 그녀가 벗어둔 외투에서 숨어 지냈고, 밤이면 세상 밖으로 나와 달빛 아래에서 마구 내달렸다고.

그림자는 그 과정에서 세상의 부정적인 면들을 모두 봤다고 했다. 남편과 아내 사이, 부모와 자식 사이에 있을 수 있는 가장 비참한 불행과 헤어나지 못할 슬픔을. 그리고 바로 그들 이웃이 어떤 몹쓸 짓을 하는지도 모두 목격했다고. 그것은 신문 기사에나 날 법한 일들이었지만, 그림자는 신문에 기고하는 것보단 당사자들을 협박하는 글을 썼다고 했다. 그러자 금방 필요한 것들이 모두 채워졌다고 했다.

"여기 내 명함이오."

그림자는 그렇게 다시 사라졌다. 믿지 못할 긴 이야기를 남겨둔 채로.

그 후 수년이 지났다. 그간 학자는 참되고 바른 선함에 관해서, 아름다움에 관해서 많은 글을 썼지만, 사람들에게 어떤 반응도 주지 못했다. 실망한 학자는 병이 들었고, 학자를 본 사람들은 누구랄 것도 없이 학자에게 그림자처럼 보인다고 말했다. 그때쯤, 그림자가 다시 찾아와 학자에게 여행을 권했다.

"온천장에 가서 휴식을 취해야겠군요. 여행경비는 걱정 마세요. 우리 사이에 그런 건 문제도 아니죠. 허물없는 친구끼리 여행을 떠나죠. 저도 수염이 제대로 자라지 않아서 온천욕을 좀 즐겨야겠네요."

그들은 곧 여행길에 나서게 되었고, 그림자는 주인이 되었으며, 주인은 그림자가 되었다.

"우리 여행까지 함께하는 친구가 되었으니 우리의 우정을 위해 건배하는 게 어떨까? 그리고 서로에게 '너'라고 부르는 거야."

"누가 나한테 '너'라고 하는 소리를 들으면, 당신의 그림자로 있을 때처럼 주눅이 들어요. 당신이 내게 '너'라고 하는 걸 견딜 수 없어요. 하지만 난 기꺼이 당신을 '너'라고 부를 겁니다. 이렇게 하면, 적어도 당신이 원하던 것의 절반은 이룬 셈이 되겠죠.”

그림자는 옛 주인을 정확히 ‘너’라고 불렀다.

(후략)

나는 언제부터 나를 잃어버린 걸까?

실망한 학자는 병이 들었고, 학자를 본 사람들은
누구랄 것도 없이 학자에게 그림자처럼 보인다고 말했다.

학자는 참되고 바른 선함, 또 아름다움에 관하여 적은 글로
세상에서 인정받고 싶었지만, 사람들에게 인정받지 못한 학자
는 그림자와 같은 삶을 살게 됩니다.
하고 싶은 것을 향해 걸어가던 학자가 원하는 것을 이루지
못하며 병들어가는 모습을 보면서 자연스럽게 우리의 모습,
우리의 과거를 떠올려 보게 됩니다.
어린 시절, 우리는 누구나 하고 싶은 것을 마음속에 품고 그것
을 이룰 수 있을 것이라는 기대로 살아갑니다. 하지만 시간의
흐름 속에서 많은 사람들이 그런 기대와 희망을 잃어버린 채
어느새 현실과 타협하며 살아가고 있습니다.

당신은 과거 내가 되고 싶었던 모습대로 살아가고 있나요?
아니면 현실과의 타협으로 과거 나의 모습을 묵혀두었나요?

"너는 커서 뭐가 되고 싶니?"
"의사, 대통령, 화가, 아나운서…"

어린 시절, 커서 무엇이 되고 싶은지 묻는 물음에
되고 싶은 것이 많아서 한 가지만 이야기해야 한다는 것이
불만스러운 시절이 있었습니다.
지금 누군가가 당신에게 하고 싶은 것이 무엇이냐고 묻는다면
망설이지 않고 이야기할 수 있는 것은 있나요?
그토록 하고 싶었던 것이 많았던 그 시절의 나는 어디에 있나요?

누구의 잘못이 아닙니다.
하루하루 바쁘게 흘러가는 일상 속에서
그저 생각할 시간이 부족했던 것일 뿐입니다.
오래전 묵혀둔 나의 이야기를 꺼내며
희망찬 내일을 꿈꾸던 그 시절의 '나'로 돌아가 보아요.

과거에 그린 나의 모습

작성날짜 :

자유롭게 그림이나 글로 표현해 보세요.

우리가 되고 싶었던 모습

우린 왜 과거에 그렸던 모습을 잃게 되었을까요?

_____

내가 하고 싶은 것을 가로 막는 것은 무엇이었을까요?

_____

과거 그렸던 모습이 가진 공통점은 무엇인가요?

_____

과거 그렸던 모습의 공통점을 보았을 때,
원하는 것을 얻기 위해서는 어떻게 해야할까요?

_____

누구에게나
원하는 삶을 그리고
원하는 것을 얻기 위해 시도하며 살아갈 권리가 있습니다.
결과를 위해서가 아닌
그것을 시도하고 있다는 것이 중요한 것이지요.
나를 위해 이루고 싶은 것들을 시도해보세요.

온전히 나를 위해 하고 싶은 것을 그려보세요.
그리고 그것을 위해 오늘 할 수 있는 일을 시도하세요.

우리에게 늦은 시기라는 것은 없습니다.

당신이 되어야 할 사람이 되기에 늦은 시기란 없다.

- 조지 엘리엇 -

Memo.

읽고 실천하며 느낀 점들을 정리해보아요.

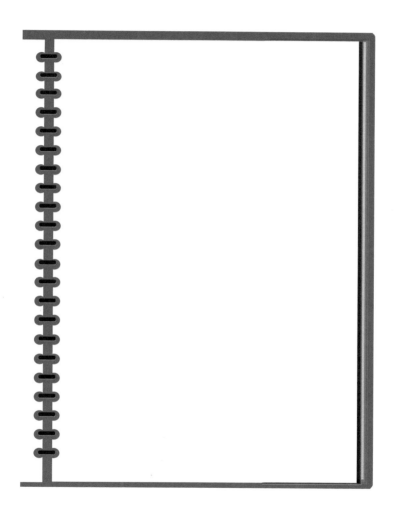

Memo.

Chapter 02

기준

진정한 행복을 위해
'나'만의 기준을 정립하는 시간

"그리고 만족을 얻기 위해서는

모든 것에 만족해야 한다는 것도요."

기준 1. 부적

내가 가장 행복했던 순간

아주 먼 옛날, 신혼부부가 된 왕자와 공주가 있었다. 그들은 누구보다 행복했지만, 떨치지 못할 걱정이 하나 있었다. 그것은 그들의 행복이 언제까지고 계속 이어지지는 않으리란 불안이었다. 그들은 그런 불안을 덜어주고 행복을 오래도록 유지해 줄 부적이 있었으면 하고 바랐다. 그러던 중 깊고 깊은 숲속에 현자가 살고 있다는 소문을 듣게 되었다. 소문에는 그가 세상의 모든 근심을 덜어주고, 슬픔까지 치료해 줄 방법을 알고 있다고 했다. 왕자와 공주는 단숨에 현자에게로 달려가 그들의 유일한 근심을 털어놓았다.

조용히 그들의 이야길 들은 현자는 일말의 망설임도 없이 호쾌하게 다음과 같은 처방을 내렸다.

"세상을 돌아다니세요. 그러다 결혼 생활에 진정으로 만족하는 부부를 만나게 되면, 그들의 속옷을 달라고 하세요. 그리고 속옷 일부를 자른 천조각을 항상 품에 지니고 다니세요. 그럼, 효과를 단단히 보실 겁니다."

왕자와 공주는 현자의 말에 망설임 없이 여행길에 올랐다. 그리고 오래지 않아 행복에 빠져서 결혼 생활을 한다는 한 기사에 관한 소문을 듣게 되었다. 그들은 곧장 기사의 성으로 달려가 기사와 부인에게 정말 지금의 생각이 완벽한지를 물어보았다.

"그렇습니다. 다 좋습니다. 다만, 한 가지 염려되는 부분은 있습니다. 아직 우리에겐 아이가 없습니다."

기사의 정직한 답변에 왕자와 공주는 아무것도 얻지 못한 채 성을 빠져나올 수밖에 없었다.

왕자와 공주는 다시 말을 달려 대도시에 도착했다. 그곳은 함께 행복하게 늙어가고 있다는 존경받는 노부부가 있었다. 왕자와 공주는 이번에도 역시 그들에게 한걸음에 달려가 문을 두드렸다.

"그럼, 나와 아내는 천생연분이지. 다만, 아이들이 이렇게 많지만 않았다면 더 좋았을 거야. 아이들이 너무 많다 보니 이 나이가 되어도 늘 아이들이 걱정이야."

왕자와 공주는 또 걸음을 돌려야만 했다. 생각보다 부적을 얻기란 쉽지 않았다. 그 이후로도 만나는 사람들마다 완벽한 결혼 생활을 하는 부부를 아냐고 물어봤지만, 누구 하나 속 시원하게 답변해주는 사람이 없었다. 여행은 생각보다 훨씬 길어지게 되었다.

그러던 어느 날, 말을 몰아 정처 없이 초원을 가로지던 중이었다. 왕자와 공주의 눈앞에 풀밭 한가운데에 앉아서 피리를 불고 있는 양치기가 나타났다. 그리고 곧이어 양치기의 아내가 한 손에는 젖먹이 아기를 안고, 다른 손에는 작은 사내아이의 손을 잡은 채 양치기에게로 걸어왔다. 양치기는 먼발치에서 아내를 보자마자 자리에서 벌떡 일어나 달려갔다. 양치기의 개도 양치기의 발뒤꿈치를 따라 달려왔다. 양치기는 환한 얼굴로 아내에게서 아기를 받아들고 입을 맞추었다. 양치기의 개도 작은 사내아이의 주변을 돌며 꼬리를 흔들고 손을 핥으며 기쁨을 보였다. 양치기의 아내가 품에서 가져온 음식을 내려놓았다.

양치기는 허기졌지만, 먼저 아기를 먹이고, 다음은 아내와 아들, 개에게 차례로 나누어주었다.

왕자와 공주는 그 아름다운 장면을 빠짐없이 지켜보다가 말에서 내려 천천히 그들에게 다가갔다.

"정말 행복해 보이시는군요, 그렇죠?"

"네, 정말 행복합니다. 어떤 왕족도 우리 가족보다 행복하진 않을 겁니다."

양치기의 대답에 왕자의 얼굴이 더 환해졌다.

"그럼, 부탁 하나를 할까 합니다. 당신의 속옷을 조금만 찢어서 그걸 내게 주시오. 사례는 갑절로 하겠소."

왕자의 말에 양치기 부부는 얼굴이 홍당무처럼 달아오르며 어쩔 줄을 몰라 했다.

"속옷이 아니라, 잠옷이든, 속치마든, 뭐든 있기만 하다면야 나눠주고 싶습니다. 진심입니다. 그렇지만, 우린 그런 게 없습니다. 그런 게 없어요."

부끄러움에 고개를 푹 숙인 양치기가 말했다. 그들은 지금까지 만나 본 어떤 부부들보다도 가난했던 것이다.

왕자와 공주는 그 이후로도 부적을 얻지 못한 채 한참을 돌아다녔다. 결국 얻은 것 없이 지쳐버린 그들은 궁전으로 돌아가야만 했다. 왕자와 공주는 돌아가는 길목에서 깊고 깊은 숲속에 들려 현자를 찾았다. 그리고는 현자에게 몇 년간 아무리 찾아봐도 그런 부부는 찾지를 못했다고, 아무런 소용이 없었다고, 혹시 다른 방편은 없느냐고 따져 물었다. 그러자 현자는 오히려 껄껄 웃으며 호탕하게 답해주었다.

"여행이 정말 아무런 쓸모가 없었던가요? 풍부한 경험을 쌓고 돌아오신 것 아닙니까?"

"그야 그렇소. 만족이란 이 세상에서 가장 귀한 것 중 하나라는 걸 배웠죠."

왕자가 말했다.

"그리고 만족을 얻기 위해서는 모든 것에 만족해야 한다는 것도요."

공주가 말했다.

부부는 서로를 지긋이 바라보았다. 진정한 사랑이 담긴 행복한 표정이었다. 현자는 높게 두 손을 뻗어 올리며 그들을 축복했다.

"진정한 부적을 찾으셨군요. 그 부적을 이제 오래도록 가슴속에 간직하세요. 그러면 아무리 오랜 세월이 흐르더라도 불만이란 악령은 절대로 여러분들을 지배할 수 없을 겁니다."

내가 가장 행복했던 순간

그리고 만족을 얻기 위해서는
모든 것에 만족해야 한다는 것도요.

행복을 오래도록 유지하고 싶었던 왕자와 공주는
여행을 통해 '진정한 행복'은
다른 사람들이 소유하고 있는 것이 아닌
자신들의 마음속에 있다는 것을 비로소 느끼게 됩니다.

행복을 위해서는 만족이 필수불가결한 요소라면
우리는 우리의 삶에
어느 정도 만족하며 살아가고 계시나요?

내가 가진 것에 감사함을 느낄 수 있는 삶을 위하여,
오늘은
내가 가진 행복을 느끼는 시간을 가져보도록 해요.

아무런 조건 없이 지나간 그 날을 떠올렸을 때,
미소가 지어지는 그런 날이 있으신가요?

우리가 살아가는 순간순간이 행복이지만
뭔가 특별해야만 행복하다고 생각하는 시점부터
행복을 느끼는 순간이 달라졌는지 모릅니다.

무엇을 하고 있을 때 행복한 순간으로 기억되나요?
행복을 생각할 때 기준이 되는 것은 무엇인가요?

행복은 바로 '나'에게 있습니다.

행복한 나를 위해서
나만의 '행복 기준'을 만들어보세요.
그리고 행복한 시간을 위해
'행복 기준' 대로 직접 실천해 보세요.

당신이 시작한 오늘이
내 삶에서 가장 행복한 날을 만들어 가는
가장 빠른 날입니다.

행복한 삶을 위한 시작

작성날짜 :

나를 행복하게 하는 것들

기준을 두고 나누지 말고, 생각나는 대로 무작위로 작성해보세요.
ex) 사랑하는 가족, 독서, 여행, 바다 등등

나를 행복하게 만드는 것으로 작성해 보는 나만의 행복레시피

ex) 나는 사랑하는 가족과 있을 때 행복하다.
가족과 행복한 시간을 만들기 위해 한 달에 한 번 같이 카페에서 차를 마시며
서로의 이야기를 들을 수 있는 시간을 가지겠다.

1. _____

2. _____

3. _____

작성날짜 :

결심을 현실로 만드는 21일의 기적

※ 이것만은 꼭 실천해 보고 싶어요!
(행복레시피에 작성한 한 가지를 선정하여 기록하고 실천해 보아요.)

1일	2일	3일	4일	5일	6일	7일
8일	9일	10일	11일	12일	13일	14일
15일	16일	17일	18일	19일	20일	21일

'어떤 행동을 습관화하려면 최소 21일을 계속해야 한다.'
행복한 삶을 열어가기 위해 21일의 기적을 만들어보아요.

누구나 행복한 삶을 꿈꾸며 살아갑니다.
하지만 행복은 사람마다 기준이 달라서
내 안에 기준을 세우지 않으면 흔들리기 일쑤입니다.

타인이 아닌 내가 원하는 행복,
그 행복한 시간을 열어가기 위해
오늘도 나와의 대화를 시도하세요.

그리고 행복해지기 위한 약속을 외쳐보세요.

어리석은 사람은 행복을 멀리서 찾고
현명한 자는 자신의 발치에서 행복을 키워간다.

-제임스 오펜하임-

난 가짜가 아니니까 문제가 될 게 없는 거야.

그러니까 절대로 포기하지 마.

결국은 진실이 승리하니까.

기준 2. 은화
내가 가장 힘들었던 순간

"그래, 좋았어. 야호, 신난다! 난 이제 진짜 세상으로 나가는 거야!"

갓 주조된 은화가 세상을 향해 외쳤다. 동이 조금 섞인 순은으로 주조된 은화였다. 땡그랑. 동전 특유의 소리를 울리며 세상을 향해 굴러 나왔다.

은화의 여행은 순조로웠다. 촉촉하고 따뜻한 아이들의 손을 거쳐, 끈적끈적하고 차가운 구두쇠의 손바닥을 지나고, 가난한 부부의 손에 들어가 일주일간 머물기도 했다. 가난한 부부는 돈을 쓰기 너무 아까워서 일주일이나 조용히 들고만 있었던 것이다. 반면, 젊은이의 지갑에 들어갔을 땐 금방 다시 나와야만 했다. 그렇게 꼬박 1년 동안 세상을 누빈 은화는 외국으로까지 나가게 되었다. 우연히 어느 지갑에 들어가게 되었는데, 지갑의 주인이 밑바닥에 은화가 깔렸는지도 모르고 있었던 것이다.

그러다 우연히 지갑 밑바닥에 깔린 은화를 본 지갑의 주인은 반가운 얼굴로 말했다.

"이건 우리나라 실링이잖아! 이렇게 멀리까지 따라왔으니 이젠 나와 함께 여행하면 되겠군."

땡그랑. 은화는 기분이 좋아져 펄쩍 뛰었다. 그리고 외국 동전들이 꽉 들어찬 지갑으로 다시 들어갔다. 다른 외국 동전은 지갑에서 출입이 잦았지만, 은화는 그대로였다. 덕분에 은화는 자신이 뭔가 특별해진 것 같은 느낌을 받았다.

여러 주가 지났다. 은화는 지갑 안에서 어딘지도 모를 낯선 곳으로 여행을 이어갔다. 외국 동전들의 이야길 들어보면 프랑스며, 이탈리아며, 세계 각국에 있었다고들 하지만, 지갑 안에서만 있었던 은화는 그 나라들이 어떻게 생긴 나라인지, 그런 건 전혀 알 수가 없었다.

그러던 어느 날 아침, 은화는 지갑이 완전히 닫히지 않고 반쯤 입이 열려있다는 걸 알아차렸다. 밖을 내다볼 수 있는 절호의 기회였다. 은화는 조심스럽게 열린 틈새를 향해 기어갔다. 그리고 그게 모든 불행의 시작이었다. 은화는 지갑에서 떨어져 나와 지갑 주인의 바지 주머니 속으로 미끄러졌고, 다시 또 거기에서 머물지 못하고 바닥으로 굴러떨어졌다. 그러나 은화 말고는 아무도 그 사실을 몰랐다.

다음날, 지갑의 주인은 다시 여행길에 올라 그곳을 떠났다. 하지만 은화는 지갑의 주인을 따라가질 못했다. 대신 다른 누군가가 은화를 집어 들어 그의 주머니로 거처를 옮기게 되었다. 그곳에서 세 개의 다른 동전을 만난 은화는 다시 얼굴이 밝아졌다.

"여행은 정말 멋져. 다른 사람들을 만나고 그들의 문화를 배울 수도 있잖아."

은화가 기쁜 마음으로 중얼거리던 바로 그때, 누군가가 소리쳤다.

"이건 뭐지? 에잇, 가짜잖아! 위조로군!"

은화의 진짜 모험이 시작되는 순간이었다. 아니, 적어도 은화는 그렇게 생각하고 있다. 이야기할 때면 늘 여기서부터 시작했으니까. 그럼, 은화의 이야기를 직접 들어보자.

"가짜? 위조? 그 말을 듣는 순간부터 벌벌 떨리기 시작했지. 난 조폐국에서 순은으로 만들어진 몸인데? 땡그랑 소리도 나는걸? 그런데 내 각인이 진짜가 아니라니? 뭔가 완전히 잘못되어가고 있단 생각이 들었지. 설마 나를 두고 한 말은 아닐 거라 믿었어. 그럴 리가 없으니까. 하지만 그건 유감스럽게도 날 두고 했던 말이 틀림없었어. 내가 가짜에, 아무 쓸모가 없다는 말이 들렸지. 거기에 다른 목소리도 들렸어. '어두워지면 사용하자.' 그게 내 앞날이었던 거야. 난 어두컴컴한 밤에 사용되다가 밝은 대낮이 찾아오면 갖은 욕설을 들어야 했지. 항상 '가짜야! 쓸모없어! 버려야지!' 같은 말만 들어야 했어."

그날 이후로 은화는 누군가의 손이 몸에 닿을 때마다 치가 떨렸다. 적어도 그 나라에서는 자신이 동전으로서 전혀 가치가 없었다. 은화는 그저 가짜 동전으로 통할 뿐이었다.

"아, 가엾은 내 신세! 순은으로 주조되고, 왕의 초상을 찍어 둔들 그게 무슨 소용인가. 이곳에서는 누구도 왕을 존경하지 않는걸. 가짜가 되어 숨어 지낸다는 건 정말 끔찍한 일이야. 지갑에서 꺼내질 때마다 나를 쳐다보는 시선들이 두려웠어. 다음 순간 일어날 일을 뻔히 아니까 말이야. 그들은 내가 사악한 사기꾼이라도 되는 줄 아나 봐. 툭하면 계산대 위로 내팽개치곤 했어.

돌고 돌아 한 번은 가난한 부인에게 옮겨간 적이 있지. 온종일 고된 노동을 하고 받은 대가가 나였어. 가엾은 부인은 나를 어떻게 처리해야 좋을지도 몰랐지. 아무도, 아무도 날 받아주려 하지 않았으니까. 오, 난 그녀에게 재앙에 불과했어.

마침내 부인은 이렇게 말했지. '이젠 나도 어쩔 수 없어. 누군가를 속일 수밖에. 분명 죄를 짓는 일이고, 너무 부끄럽지만 난 가난한걸. 가짜 은화를 가지고 있을 형편이 안되니까. 그래,

부자인 빵집 주인에게 줘보자. 그는 부자니까 가짜라는 걸 알아도 그렇게 기분 나빠하진 않을 거야.'

이젠 내가 그녀의 양심까지 무너지게 한 거야. 내가 어쩌다 이렇게 타락해 버렸는가 하는 생각까지 들더군.

빵집 주인은 단박에 나를 알아차렸어. 내가 계산대에 닿자마자 가난한 부인의 얼굴을 향해 나를 집어 던져버리더군. 나는 슬픔에 고개조차 들 수 없었어. 젊은 시절에는 순은으로 제조된 은화라며 자부심을 품고 살았는데, 이제는 사람들에게 불신과 슬픔만 안겨주는 쓸모없는 존재가 되었잖아. 오, 불쌍한 부인은 나를 챙겨 들고 다시 집으로 돌아갈 수밖에 없었어. 그 와중에도 다정하고 상냥한 목소리로 내게 속삭여주었지. '이제 다시는 가짜인 너를 가지고 남을 속이지 않겠어. 누가 봐도 알아볼 수 있도록 네 몸에 구멍을 뚫자. 아, 아냐, 갑자기 네가 행운의 동전일 수도 있겠단 생각이 들어. 그래도 아무튼 구멍을 뚫자. 그리고 끈을 달아 이웃집 아이에게 줘야겠어. 행운의 부적이니까.'

부인은 정말 내 몸에 구멍을 내고 말았지. 몸에 구멍이 뚫린다는 건 하나도 기쁜 일이 아니지만, 더는 수모를 당하지 않아도 된다고 생각하니 그것도 받아들일 수 있더군. 게다가 난 행운의 부적으로 이웃집 여자아이의 목에 걸렸으니까. 아이는 날 보자마자 입 맞추어주었지. 정말 오랜만에 그 아이의 따뜻한 마음에 몸을 눕히고 푹 쉴 수 있었어.

　다음 날 아침, 아이의 어머니는 가위를 가져와 내게 달린 끈을 잘라 버렸어. '행운의 부적이라면, 그 행운이 얼마나 되는지 알아봐야지.' 그리고는 나를 식초에 담가버리더군. 나는 금방 녹색으로 변하고 말았지. 아이의 어머니는 그런 날 막 문지르기 시작했어. 내게 구멍이 있단 사실을 감추려고 말이야. 이윽고 날이 어두워지자 나를 가지고 복권을 사러 가더군. 정말 내가 가진 행운이 얼마나 되는지 알아보려던 거지.

　다행히 복권판매소에는 복권을 사려는 사람들이 너무 많아서 난 바로 돈통으로 직행했어. 동전을 확인할 겨를도 없을 만큼 바빴던 거지. 적어도 내가 가진 행운은 그렇게 다음 날 아침까진 유효했어. 아침이 되어서 위조 은화로 판명되었으니까 말이야. 나머지 나의 운을 떼어간 아이의 어머니가 복권이 당첨되었는지 어땠는지는 이후로도 알 수가 없었지만, 당장 나는 다시 갖은 모욕을 당해야 했어. 다시 사람들을 속이는 길에 올라야 했지. 직접 아무런 죄를 지은 적이 없는데, 사기꾼 취급을 당한다는 건 참 참기 힘든 일이야. 아무리 생각해봐도 난 떳떳하기만 한데 말이지.

　이후로 1년하고 하루가 지났어. 그동안 늘 갖은 멸시와 모욕을 받아야 했지. 아무도 나를 믿지 않으니까 마침내 나도 나 자신을 믿지 못하게 되더군. 세상에 대한 믿음이 뿌리부터 흔들렸어. 얼마나 힘든 시간이었는지 모를 거야.

그러다가 하루는 어느 여행자의 손으로 흘러 들어가게 되었어. 그는 순진한 청년이라 속았던 거지. 그는 나를 확인조차 하지 않고 받아 넣어뒀던 거야. 하지만 정작 필요해져서 꺼내 들었을 땐 '쓸모없는 가짜야!' 같은 말을 들어야 했지.

나를 돌려받은 여행자는 내 몸을 유심히 살펴보기 시작했어. 그러다가 갑자기 밝은 미소를 지었지. 믿을 수 없었어. 나를 관찰하다가 밝은 미소를 보이는 건 그가 처음이었거든.

'아니, 이건 우리나라 은화잖아. 넌 여기서 대체 뭘 하고 있었던 거니? 귀한 진짜 은화에 구멍을 뚫어 가짜 행세를 하게 한다니. 정말 웃기군. 잘 간직해서 집으로 가져가야겠어.'

나는 내 귀를 의심할 수밖에 없었어. '귀하고', '진짜'라는 말을 듣자 기쁨으로 온몸이 짜릿해졌지. 내가 다시 고향으로 돌아갈 수 있게 된 거야. 내가 순은으로 만들어졌다는 걸 알아주는 곳, 내 얼굴에 진짜 왕이 새겨져 있다는 걸 모두가 알아주는 곳으로 말이야.

여행자는 나를 다른 동전들과 섞이게 하지 않으려고 곱게 종이에 쌌어. 그리고는 같은 나라 사람들을 만날 때마다 나를 꺼내 보여주었지. 그들은 하나같이 나를 보고 감탄했어. 흥미롭다고까지 했지. 난 한마디도 하지 않았는데 날 보고 흥미롭다고 하는 거야, 정말 웃기지 않아?

결국 난 이렇게 고향으로 돌아왔어. 모든 고난과 시련으로부터 작별한 거지. 난 순은으로 주조된 은화였고, 내 얼굴에 새겨진 왕들은 진짜였어. 가짜처럼 보이려고 뚫어버린 구멍 따윈 이제 전혀 상관없어. 난 가짜가 아니니까 문제가 될 게 없는 거야. 그러니까 절대로 포기하지 마. 결국은 진실이 승리하니까. 그게 내 철학이야."

은화는 그렇게 이야기를 끝맺었다.

내가 가장 힘들었던 순간

난 가짜가 아니니까 문제가 될 게 없는 거야.
그러니까 절대로 포기하지 마.
결국은 진실이 승리하니까.

순은으로 제조된 은화라며 자부심을 품고 살았는데,
언제부턴가 사람들에게 불신과 슬픔만 안겨주는
쓸모없는 존재가 되었다는 생각이 문득 들 때가 있나요?

자신의 가치를 알아주는 곳을 찾기 위해서 끊임없이 모험을
시도한 은화는 결국 자신이 있어야 할 곳에서 자신의 가치를
인정받게 됩니다. 포기하지 않고 자신을 찾기 위해서 노력하면
그 진실은 승리하게 된다는 것을 우리에게 남겨주는 것이죠.

누구에게나 찾아올 수 있는 힘듦을 부정하는 것이 아니라
그대로 인정하는 시간을 가짐으로써
나를 진정으로 사랑할 수 있는 시간을 만들어 주세요.

'지금은 힘들어도 시간이 지나고 나면 모두 추억이 될 거야.'
라는 생각으로 힘들었던 시간을 버텨본 적이 있나요?
무엇이 당신을 그토록 힘들게 했나요?
그 힘듦을 어떻게 달랬나요?
그냥 내버려두고 그 시간을 흘려보내지는 않았나요?

누구에게나 비켜갈 수 없는 힘듦을 어떤 이는 다시 뛰어오를
수 있는 기회였다고 말하기도하고, 어떤 이는 어두운 터널로
접어드는 불행의 시작이었다고 이야기 하는 사람도 있습니다.
내가 어떤 경험을 했는지가 중요한 것이 아니라,
그 경험을 어떻게 관리를 했는지가 중요합니다.
즉, 과거의 경험에 어떤 의미를 부여하고 어떻게 해석하느냐에
따라서 이후의 삶은 달라집니다.

내면의 단단함은 내가 겪은 어려움을 인정하고,
그 시절의 나를 보듬어줄 때 비로소 시작됩니다.

힘든 시절의 이야기를 꺼내 보세요.
그리고 무엇이 나를 힘들게 했는지 객관적으로 생각해 보세요.

다시 그 시간이 찾아온다면, 그때보다 쉽게 이겨낼 수 있나요?

치유를 위한 DMIAC 기법

작성날짜 :

치유를 위한 DMIAC

1. Define : 객관적인 현재의 '나' 바라보기
2. Measure : 현재의 '나' 측정하기
3. Improve : 개선하고 싶은 요소 선정하기
4. Action : 치유를 위해 실행해야 하는 것
5. Cotrol : 지속적인 치유를 위한 관리 방법

1. 살아가면서 힘들었던 순간은 언제였나요?

_____

2. 무엇이 나를 힘들게 했다고 생각하나요?

_____

3. 그 일을 떠올렸을 때 어떤 감정이 드나요?

_____

4. 그 시절의 나에게 어떤 이야기를 해주고 싶나요?

_____

힘들었던 순간을 치유하기 위해 객관적으로 나를 바라보고,
그것이 현재 나에게 어떤 영향을 주는지 생각해보세요.
그리고 이를 치유하기 위해 내가 해야하는 것을 생각해 보고, 적어보세요.
치유는 내가 스스로 인정하고, 받아들일 때 비로소 이루어질 수 있습니다.

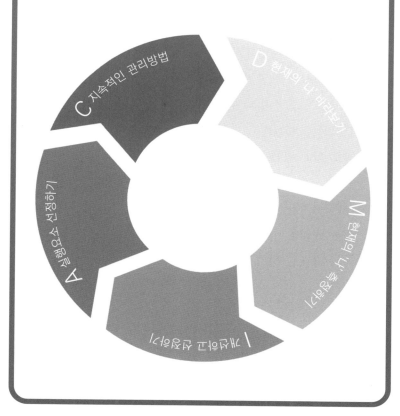

'다른 사람들은 큰 어려움 없이
하고 싶은 일을 쉽게 이루며 지내는 것 같은데
나만 왜 이렇게 아등바등 살아가는 걸까?'

이런 생각이 드시나요?
인생은 멀리서 보면 희극이고
가까이에서 보면 비극이라 합니다.
당신이 쉬워보이는 그들의 인생도
저절로 척척 만들어지고 있는 것은 아닙니다.

자신이 진짜라는 믿음,
진실은 승리한다는 믿음으로
묵묵히 자신을 지켜내고 있는 것입니다.

일시 정지는 쓸데없는 시간 낭비가 아니라
우리를 회복시키는 힘이다.
짧은 시간일지라도 그 힘은 상상 이상으로 크다.

-데일 카네기-

"하나의 작은 깃털이

다섯마리의 털 뽑힌 암탉으로

변할 수 있다는 건 틀림없는 사실이다."

기준 3. 정말이야!

소문의 진실

"정말 끔찍한 일이야! 저 건너 닭장에서 무시무시한 일이 벌어졌어. 오늘 밤에 혼자가 아니라서 정말 다행이야. 정말이지 너무 무서워서 혼자서는 절대로 자지 못할 거야."

암탉은 두려움에 떨며 이야기를 시작했다. 그 이야기를 들은 암탉들은 너무 놀라 깃털이 바짝 솟구쳤고, 수탉은 벼슬이 힘을 잃고 늘어졌다.

그럼 대체 건너편 모퉁이에 있는 닭장에서 무슨 일이 일어났던 건지 처음부터 들어보도록 하자.

둥근 해가 서쪽으로 떨어지자 닭들은 잠자리를 찾아 날아올랐다. 그 무리에는 하얀 깃털을 가진 닭도 있었다. 그 닭은 다리가 짧았지만 날마다 알을 낳았다. 딱히 흠잡을 곳 없이 존경할 만한 닭이었다. 횃대에 앉은 그 닭이 부리로 자기 털을 쪼았다. 그러자 작은 깃털 하나가 힘없이 떨어져 나갔다.

"이런, 깃털이 빠졌군. 뭐, 깃털이 빠지면 새털이 올라와서 더 아름다워지겠지." 하얀 깃털을 가진 닭이 웃으며 말했다. 분명 농담이었다. 그 닭은 원래 성격이 밝고, 농담하기를 즐겼다.

사방이 조용해지고 어둠이 내렸다. 암탉들은 횃대에 나란히 붙어 앉아 잠이 들었다. 그러나 오직 한 마리의 암탉만이 잠들 수 없었다. 그건 깃털 하나를 잃은 닭 옆에 있던 암탉이었다. 이웃들과 평화롭게 살기 위한 가장 현명한 방법은 보고도 못 본 척, 듣고도 못 들은 척하는 것이다. 그러나 그 암탉은 자신이 들은 이야길 누군가에게 하지 않고서는 도저히 견딜 수가 없었다. 그래서 옆에 있던 다른 암탉에게 부리를 들이밀고 속삭였다.

"혹시 들었니? 이름을 말하긴 어렵지만, 우리 중 하나가 수탉에게 잘 보이려고 깃털을 뽑는다지 뭐야. 내가 수탉이라면 오히려 그런 암탉을 경멸할 텐데 말이야!"

그런데 하필이면 닭장 맞은편 위에 살림을 살던 올빼미 가족이 그걸 들었어. 올빼미들은 귀가 예민해서 작은 소리도 저절로 들렸던 거야. 엄마 올빼미가 눈알을 굴리며 날개를 퍼덕였지. "저런 건 듣지 말아라. 뭐, 이미 다 듣긴 했겠구나. 나도

다 들어버렸어. 저기 닭장에 있는 암탉 하나가 체면도 자존심도 다 벗어던지고 오로지 수탉에게 잘 보이려고 깃털을 다 뽑아버리려고 한다는구나."

"애들에게 대체 무슨 소리요. 그런 건 애들이 들을 이야기가 아니지." 아빠 올빼미가 엄마 올빼미를 꾸짖었다.

"그럼 이웃 올빼미에게나 말해야겠어요. 그는 아주 친절하거든요." 엄마 올빼미는 그 말만 남기고 곧장 날아가 버렸다.

잠시 후 올빼미 두 마리가 "부엉, 부엉!"하고 우는 소리가 들려왔다. 그 소리가 어찌나 컸던지 근처에 있던 비둘기들도 듣게 되었다.

"야, 야, 들었니? 수탉에게 잘 보이고 싶어서 깃털을 죄다 뽑아버린 암탉이 있대. 그러다 얼어 죽지. 아니, 벌써 얼어 죽었는지도 모르겠는데."

"어디, 어딘데?" 비둘기들이 모여 구구구 하고 울기 시작했다.

"이웃집 마당. 난 내 두 눈으로 직접 보고 오는 길이야. 정말 창피스러운 일이지. 하지만 정말이야."

"정말이래, 이야기가 하나도 빠짐없이 다 정말이래." 비둘기들이 구구구 울며 이야기들을 쉴 새 없이 되풀이했다. "수탉의 눈에 한 번 띄어보겠다고 유별나게 깃털을 죄다 뽑아버린 암탉이 저기에 있어. 누구 말로는 그게 두 마리라고 하던데. 그건 참 위험한 짓이야. 그러다가 감기에 걸리거나 얼어 죽을 수도 있어. 아니, 둘 다 죽어 버렸어."

"이봐, 다들 일어나!" 수탉이 울타리로 날아오르며 소리를 질렀다. 수탉은 여전히 졸린 눈으로 꼬끼오하고 길게 울었다. "암탉 세 마리가 수탉을 짝사랑해서 죽었다는군. 수탉 눈에 띄려고 깃털을 죄다 뽑아버렸다지 뭐야. 정말 역겨운 일이야. 그런 암탉은 가만둘 수 없어. 쫓아 버려야만 해!"

"쫓아내야 해, 쫓아내야 해." 박쥐들이 날카로운 소리를 냈다.

그러자 암탉들과 수탉들은 꼬꼬댁, 꼬끼오하고 울어대기 바빴다. 이렇게 해서 이야기가 닭장에서 닭장으로 전해졌고, 마침내 돌고 돌아 그 이야기가 시작된 닭장까지 다시 전해졌다.

"다섯 마리 암탉이 깃털을 죄다 뽑아버렸대. 수탉에 대한 짝사랑 때문에 누가 가장 야위었나를 보여주려다 그랬다지 뭐야. 그 암탉들은 서로 부리로 쪼아서 피를 흘리다 죽었다더라. 정말, 닭들에겐 수치고, 주인에겐 손실이네."

처음에 깃털 하나를 뽑았던 암탉은 그 이야기가 자기 이야기일 거라곤 상상도 하지 못했다. 늘 예절 바르고 존경을 받는 그 암탉은 이런 말을 남겼다.

"난 그런 암탉들을 진심으로 경멸해. 하지만 사방에 그런 것들이 있다고 하니까. 이젠 그런 일을 쉬쉬해서는 안 되겠어. 어떻게든 신문에 내야겠군. 그럼 온 나라에 알려질 테지. 그런 닭들과 그 가족들은 그에 걸맞은 대우를 받으며, 대가를 치러야만 해."

결국 그 이야기는 신문에 실렸다. 하나의 작은 깃털이 다섯 마리의 털 뽑힌 암닭으로 변할 수 있다는 건 틀림없는 사실이다.

소문의 진실

하나의 작은 깃털이 다섯 마리의 털 뽑힌 암탉으로 변할 수 있다는 건 틀림없는 사실이다.

깃털 하나가 빠졌을 뿐인데, 소문이 부풀어 다섯 마리 암탉의 털이 몽땅 뽑히게 되었습니다. 하나의 사실에 저마다의 생각이 더해져, 사실과 전혀 다른 왜곡만 남은 겁니다. 평소 소문이 우리를 얼마나 지치게 만드는지 생각하게 해주는 이야기입니다.

나에게 일어나는 일, 다른 사람들에게 일어나는 일을
내가 가진 생각이나 감정을 빼고, 사실만을 본적 있으신가요?

부풀어진 이야기로 나를 괴롭히지 않도록
나에게 일어나는 일을 먼저 객관적으로 보는 눈을 가져보아요.

분명 나는 그 의미로 이야기한 것이 아닌데,
그 이야기는 또 다른 사실을 만들어 버리는 경우가 있습니다.

사람들이 하는 이야기를 들으면서
상대방의 이야기를 있는 그대로 받아들이기보다
자연스럽게 내가 가진 생각이 더해지면서
전혀 달라진 이야기를 실제 사실인 것처럼
믿어버릴 때가 있습니다.

그런 생각은
기존의 사실을 그대로 받아들일 수 있는 힘을 잃게 만듭니다.

타인의 말에 다른 의미를 부여하지 마세요.
다른 사람들의 이야기로 괜한 내 시간을 소비하지 말아요.

진실은 늘 승리하는 법이니까요.

사실 그대로를 바라보는 힘

작성날짜 :

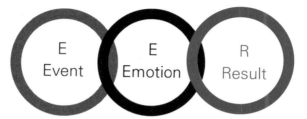

어떠한 사건으로 발생되는 결과 사이에는
항상 감정이 동시에 발생함을 기억하라!

최근 누군가가 나를 힘들게 한 일이 있었나요?

무엇이 나를 힘들게 했나요?

그 상황에 대한 감정을 빼고, 있었던 일 사실을 적어보세요.

때로는 삶에 일어나는 일보다
더 왜곡된 생각으로 사실을 흐리게 만드는 경우가 있습니다.
다른 의미를 부여하지 말고, 있는 사실 그대로 받아들여 보아요.

작성날짜 :

세상에는 생각보다 나를 힘나게 하는 사람이 많아요.
그들이 나에게 하는 이야기, 사실 그대로에 집중하도록 해요.
평소 나를 힘나게 하는 사람이 있나요?
그들이 하는 어떤 이야기들이 나에게 힘을 주고, 일어서게 하나요?

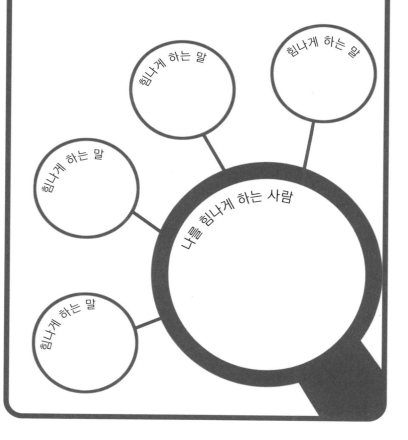

"너는 참 괜찮은 사람이야."

"그래. 나는 참 괜찮은 사람이야."

괜찮은 사람 그 사실만 받아들이면 돼.
어떤 의미로 그 이야기를 했는지 생각할 필요는 없어.

남들이 당신을 어떻게 생각할까 너무 걱정하지 말라.
그들은 그렇게 당신에 대해 많이 생각하지 않는다.

-엘리너 루스벨트-

Memo.

읽고 실천하며 느낀 점들을 정리해보아요.

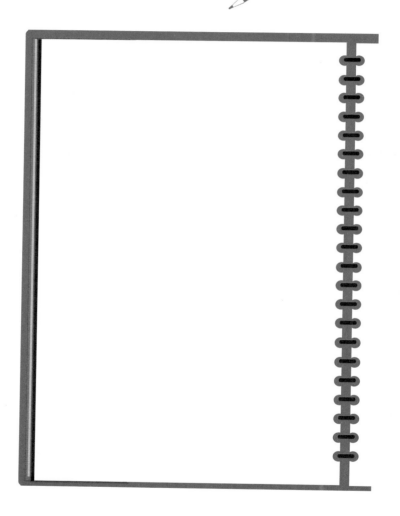

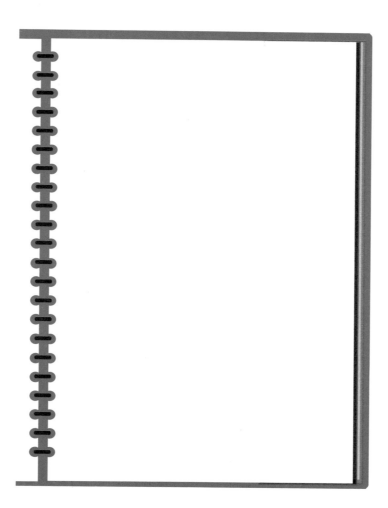

Memo.

Chapter

03

확신

'나'를 믿고 전진할 수 있는 힘
'나'를 위한 삶을 살기 위해
나에게 주는 확신

"네, 정말 잘하셨어요."

노부인은 남편을 끌어안아 주었다.

둘러싼 낯선 사람들이나 사과 자루 따윈 안중에도 없었다.

확신 1. 영감이 하는 일은 언제나 옳다

말, 그 한마디가 주는 힘

지금부터 여러분들에게 들려줄 이야기는 내가 아주 어렸을 적에 들은 이야기다. 시간이 지난 지금도 생각할수록 아름다운 이야기다. 나이가 들수록 더 멋지고 훌륭해지는 분들처럼 이 이야기도 시간이 흐를수록 멋을 더해가는 것 같다.

어느 시골의 좁은 길 위에는 특별할 게 하나 없는 농가가 있었다. 거기엔 늙은 노부부가 살고 있었다. 그들은 가진 게 별로 없었지만, 그들의 생활에서 빼놓을 수 없는 것 하나를 가지고 있었다. 그것은 길옆에서 풀을 뜯고 있는 말이었다. 그 말은 지금까지 제법 유용했다. 늙은 농부가 읍내에 나갈 때도 그 말을 탔으며, 가끔 이웃들에게 말을 빌려주고 그 대가를 받기도 했다. 그러던 노부부가 이제는 그 말을 팔든지, 아니면 더 쓸모 있는 다른 것으로 바꾸면 좋겠다고 생각하게 되었다. 하지만 무엇과 바꾼단 말인가?

"그거야 당신이 잘 알잖아요! 마침 장날이니 말을 타고 가서 팔든지 다른 것과 바꾸든지 해요. 당신이 어떻게 하든 난 좋아요. 어서 가보세요."

노부인이 남편에게 목도리를 둘러주었다. 남편보다 훨씬 더 목도리를 잘 멨고 나비 모양으로 멋을 낼 줄도 알았기 때문이다. 노부인은 남편의 모자 주름을 펴서 입을 맞춘 다음 남편에게 씌워 주었다. 남편은 그길로 말을 타고 집을 나섰다.

길은 장을 보러 가는 사람들로 먼지가 자욱했다. 하늘은 구름 한 점이 없고 햇볕은 따가웠다. 길가에는 햇볕을 피할 만한 곳도 없었다. 그때 한 남자가 터벅터벅, 암소 한 마리를 끌고 나타났다. 한눈에 봐도 예쁜 암소였다.

"암소는 신선한 우유가 나오잖아. 말과 바꾸면 잘 바꾸는 거겠지. 이봐요, 암소 끌고 가는 양반! 우리 서로 말과 암소를 바꾸지 않겠소? 말이 암소보다 더 비싸겠지만 관계없소. 나한테는 암소가 더 쓸모 있을 거 같으니까."

"저야 좋죠."

늙은 농부는 간단히 말과 암소를 바꾸었다. 이제 볼일을 마쳤으니 집으로 돌아가도 그만이었지만, 이미 길에 올랐으니 시장을 한 번 둘러보고 돌아가기로 했다. 늙은 농부는 암소와 함께 걸었다. 그때, 통통하게 살이 오른 양을 끌고 가는 남자가 보였다. 자세히 보니 양털도 훌륭했다.

"탐나는군. 양이면 울타리 옆에 먹을 풀도 많고, 겨울에는 방 안에서도 기를 수 있을 거 같단 말이지. 그래, 암소보단 양을 키우는 게 더 좋을 거 같아. 이보시오, 이 암소와 양을 바꾸지 않겠소?"

늙은 농부는 이번에도 간단히 암소와 양을 바꾸었다. 이제는 암소 대신 양을 끌고 길을 걸었다. 그런데 이번에는 또 한 남자가 거위를 안고 나타났다.

"깃털도 많고 살도 통통한 녀석이군요. 우리 집 웅덩이에서 기르기 딱 좋은 녀석이겠는걸요. 우리 할멈이 거위가 있으면 좋겠다는 말을 여러 번 했거든. 그래, 이번 기회에 할멈에게 거위를 선물해야겠소. 이 양과 바꾸지 않겠소?"

남자는 기꺼이 그러자고 했다. 그래서 농부는 이번에도 간단히 양과 거위를 바꾸었다. 장터 근처에 다다르자 사람들이 점점 더 몰려들었다. 여기저기서 등장한 사람과 소 떼들로 정신이 없었다. 소들은 길 위에도, 울타리 옆에도, 통행료 징수인의 감자밭에도, 어디에나 있었고, 어디든 막무가내로 들어갔다. 감자밭에서는 그런 소란에 놀란 닭 한 마리가 한쪽 다리가 묶인 채 도망을 가려고 했다. "꼬꼬댁, 꼬꼬댁" 두 눈을 연신

깜빡이는 게 늙은 농부에게는 그저 귀엽게만 보였다.

'정말 탐이 나는군. 목사님 댁의 알을 품은 암탉보다 더 훌륭해 보이는걸. 닭은 따로 모이를 줄 필요도 없잖아. 알아서 농장을 돌며 곡식 낟알 따위를 주워 먹겠지.'

늙은 농부는 다짜고짜 통행료 징수인을 찾아가 닭과 거위를 바꾸자고 했고, 이번에도 역시 간단하게 바꾸었다. 늙은 농부는 이제 장터에 이르렀고, 그간 뜨거운 햇볕 아래에서 너무 많은 일을 겪었기 때문에 지칠 대로 지쳐 목이 말랐다. 그는 목을 축이고 요기를 하기 위해 주막을 찾아갔다. 그런데 마침 그가 주막의 문을 열고 들어서려는 순간 마부 한 명이 먼저 문을 밀며 나왔다. 마부의 손에는 자루가 하나 쥐어져 있었다.

"그건 뭔가요?"

"썩어버린 사과요. 돼지 먹이로나 쓸까 하오."

"아니, 그렇게 하는 건 너무 낭비군요. 내가 그걸 집에 있는 우리 할멈에게 주고 싶소. 작년에 우리 집 늙은 사과나무에서는 사과가 고작 하나만 열렸다오. 그래서 우린 그 사과를 완전히 썩을 때까지 찬장에 고이 모셔두었죠. 할멈은 그러면서 그 사과를 볼 때마다 큰 재산이라고 했어요. 그럼, 이제 한 자루나 되는 걸 가져가서 보여주면 아주 매우 큰 재산이라고 좋아할 테죠. 그걸 우리 할멈에게 주고 싶소. 대신 여기 내 닭을 드리리라."

늙은 농부는 이번에도 간단히 닭과 썩은 사과 한 자루를 바꾸었다. 썩은 사과 자루를 둘러업고 주막으로 들어선 늙은 농부는 난로 옆에 기대고 앉았다. 피로감에 난로가 뜨겁게 달아올랐다는 것도 생각하지 못했다. 그 주막에는 손님이 많았다. 두둑한 주머니의 돈 많은 영국인 두 명과 말 장수, 소 장수도 있었다. 그때, 달구어진 난로 덕에 자루 속에 둔 사과들이 타들어 가는 소리가 났다.

"지직! 지직!"

"이게 무슨 소리야?"

영국인 한 명이 두리번거렸다. 늙은 농부는 느긋하게 말 대신에 암소를 바꾼 이야기부터 시작해서 썩은 사과를 바꾸기까지의 과정을 모두 들려주었다.

"이제 집에 가면 할멈에게 혼날 일만 남았군요. 부부싸움을 크게 하시겠어요."

영국인이 자신만만하게 말했다. 그러자 농부는 어이없다는 듯이 더 자신만만하게 대꾸했다.

"뭐라고요? 혼날 거라고? 오히려 내게 키스해주면서 '영감이 하는 일은 항상 옳다'고 말해줄 거요."

"좋소, 그럼, 우리 내기합시다. 당신이 이긴다면 금화 한 통, 100파운드를 주겠소."

"나는 썩은 사과 한 자루와 나, 나의 할멈을 걸겠소. 그 정도면 충분할 거요."

내기도 간단히 이루어졌다. 그들은 때마침 도착한 주막 주
인의 마차를 타고 곧장 농부의 집으로 향했다.

"다녀왔소, 할멈!"

"잘 다녀오셨어요, 영감!"

"말을 바꿔왔지."

"네, 정말 잘하셨어요."

노부인은 남편을 끌어안아 주었다. 둘러싼 낯선 사람들이나
사과 자루 따위 안중에도 없었다.

"말을 암소랑 바꿨어."

"잘했어요. 이제 우유를 실컷 먹겠군요. 버터와 치즈도요.
정말 잘 바꿨어요."

"그래, 그런데 암소를 다시 양하고 바꿨어."

"어머, 그게 더 낫겠어요! 울타리 옆에는 양이 뜯을 풀도 충
분하고, 양의 젖과 치즈, 거기에 털옷과 털양말이라니! 암소는
이런 걸 줄 수 없죠. 당신은 정말 사려가 깊어요."

"그런데 양을 또 거위와 바꿨다오."

"올해에는 거위요리를 먹을 수 있겠군요. 영감, 당신은 언제
나 나를 기쁘게 해요. 거위를 묶어두었다가 살이 찌길 기다립
시다. 통통하게 살이 오르면 함께 구워 먹어요, 영감."

"아니, 그런데 또 거위를 닭과 바꿨어."

112

"닭이라니! 정말 잘하셨어요. 닭이 알을 낳으면 병아리들을 얻게 될 테니까요. 이제 마당에는 닭들로 넘쳐나겠군요. 제가 바라던 거예요."

"하지만 그 닭을 또 썩은 사과 한 자루와 바꿔버렸지 뭐야."

"어머나, 당신에게 키스를 해줘야겠군요. 오, 영감, 정말 고마워요! 내 이야길 들어보세요. 당신이 나가고 나서 저녁 식사를 뭐로 준비할까를 생각했어요. 그러다 부추를 곁들여 튀긴 달걀과 베이컨이 생각났죠. 그런데 부추가 없었어요. 그래서 이웃인 교장 선생 댁에 갔죠. 거긴 부추가 많다는 걸 잘 알고 있었으니까요. 그런데 그 댁 부인은 인색했어요. 겉으로는 웃었지만 말이죠. 부추를 조금만 빌려달라고 하니까 부인이 그러더군요. '빌려줄 게 없어서 어떡하죠. 우리 마당에는 아무것도 안 자라요. 썩은 사과조차도 말이죠. 그러니 썩은 사과조차 빌려줄 수가 없겠는걸요' 하고요. 그런데 이제 그 부인에게 썩은 사과 열 개를, 아니 한 자루를 통째로 빌려줄 수가 있게 됐어요. 생각만 해도 행복하군요!"

노부인은 환한 얼굴로 남편에게 애정 어린 키스를 했다.

"이 정도라면 돈을 낼 가치가 충분해. 내기에서 져도 너무 즐겁군."

영국인들은 약속대로 늙은 농부에게 100파운드의 금화를 주었다.

말, 그 한마디가 주는 힘

노부인은 남편을 끌어안아 주었다.
둘러싼 낯선 사람들이나 사과 자루 따윈 안중에도 없었다.

노부인은 남편이 어떤 일을 하더라도 잘했다고, 필요한 것이었
다고 이야기를 합니다. 세상 그 무엇보다 소중한 것은 바로 옆에
있는 남편이라는 것을 잘 알고 있기 때문이지요.

다른 사람에게 베풀고 있는 따스한 시선으로
나를 바라보고 있나요?
아님, 유독 나에게만 더 잘해야 한다고 채찍질하지는 않나요?

세상에서 가장 아름다운 말,
그 말을 전해보도록 해요.
평생 나와 함께 갈 사람,
바로 '나'입니다.

우리는 뱃속에서 자라날 때부터 태담을 들으며 건강한 삶을 살수 있도록 기원 받습니다. 사람들의 아름다운 그 말들, 그 기원이 모여 하나의 생명체가 살아가는 힘을 만들어 갑니다.

어린 시절에는 어떤 일을 하더라도
잘한다고, 최고라고 이야기하던 것들이
성장하면서 잘하는 것보다는 잘하지 못하는 것에 집중하여
칭찬보다는 채찍질하고 있지는 않나요?

타인이 하는 행동은 한없이 이해해주면서,
정작 내가 하는 행동에는 결과에 치우쳐
잘하고 있다는 응원을 하지 않고 살아가고 있지는 않나요?

오늘은 나에게,
내가 듣고 싶은 말을 잔뜩 해주세요.

이 세상에 가장 든든한 편,
바로 '나'에게 말이에요.

나에게 전하는 긍정 메시지

작성날짜 :

평소 내가 나에게 자주하는 말을 단어나 문장으로 나타내보세요.

마음 속에 담겨진 내가 듣고 싶은 말을 단어나 문장으로 나타내보세요.

작성날짜 :

오늘도 넌 잘하고 있어! 나에게 응원의 편지를 적어보아요.

가까운 사이일수록 말조심, 행동 조심을 해야 한다고 합니다.
그래서 가까운 사람에게 대하는 태도를 돌아보며, 무례한
것은 없었는지 생각해 보는 시간을 갖기도 합니다.

그렇다면,
스스로 나를 대하는 태도에 관해서는 생각해 보시나요?
어쩌면 그 누구보다도
나에게 가장 가까운 사람은 바로 '나'인지 모릅니다.
그 누구도 알지 못하는 비밀을 함께 공유하는 사람,
나와 끝까지 함께 갈 사람,
바로 내 안에 있는 '나'입니다.

'나'에게 무례하지 않도록
진정 내가 듣고 싶은 말이 무엇인지 고민하며,
오늘도, 내일도, 그 다음 날에도
내가 듣고 싶어하는 말을 해주세요.

너는 너이기 때문에 특별하단다.
특별함에 어떤 자격도 필요 없으며
너라는 이유 하나만으로도 충분하단다.

-맥스 루카도-

"결심했어요.

공주님과 결혼하겠어요.

공주님이 먼저 절 선택하면 일이 쉽게 풀린 거고,

선택하지 않는다면 그땐 제가 공주님을 선택해 버리죠!"

확신 2. 바보 한스

선택에 대한 확실한 믿음

아주 멀고 먼 시골에 오래된 큰 저택이 있었다. 이곳에는 나이 든 영주가 두 아들과 살고 있었다. 두 아들은 똑똑해서 하나를 가르치면 열 개를 깨우쳤다. 그들은 공주와 결혼하길 원했다. 공주가 나라에서 가장 재치 있게 말하는 사람과 혼인할 것이라고 발표했기 때문이다. 그들에게도 신분 상승의 기회가 왔다는 생각에 눈빛이 빛났다.

주어진 시간은 일주일밖에 없었지만, 둘 다 자신만만했다. 지식이 풍부했기 때문이다. 첫째는 라틴어 사전뿐만 지난 3년간의 신문을 모조리 암기해 두었다. 그래서 앞에서부터든 뒤에서부터든 술술 외워 보일 수 있을 정도였다. 둘째는 조합에 관한 법률을 모두 암기했으며 조합장들조차 들어보지 못했을 세밀한 규정까지도 알고 있었다. 스스로 이 정도면 정치에 관해서도 충분히 논의할 수 있을 거로 생각할 정도였다.

"공주님과 결혼하는 건 나야!"

두 아들 모두 자신감이 흘러넘쳤다.

영주는 두 아들에게 각각 말을 한 필씩 주었다. 뭐든 줄줄 외우는 첫째에게는 흑마, 법률에 능통한 둘째에겐 백마를 주었다. 두 아들 모두 말이 술술 잘 나오길 바라며 입가에 기름을 발랐다. 그걸로 출발 준비는 모두 마쳤다. 하인들이 떠나는 아들들을 배웅하기 위해 줄을 지어 섰다. 두 아들이 막, 말의 배를 걷어찼을 때, 셋째 아들이 나타났다. 앞에서 셋째를 소개하지 않은 건 그가 전혀 아들 취급을 받지 못해서다. 집안에서 누구도 그를 가족이라 생각하지 않았다. 다른 아들만큼 똑똑하지 못한 정도가 아니라 모자란 구석이 있어서였다. 그래서 그는 그저 '바보 한스'로 불렸다.

"잘 차려입고 어딜 가는 거야?"

바보 한스가 형들에게 물었다.

"궁전에. 공주님을 얻으려고. 넌 소문도 듣지 못했니? 온 나라가 떠들썩하잖아!"

형들은 공주가 가장 재치 있게 말하는 사람과 결혼하기로 발표했단 사실을 들려주었다.

"이런! 나만 모르고 있었다니! 나도 갈 테야! 아버지, 저에게도 말을 주세요. 결심했어요. 공주님과 결혼하겠어요. 공주님이 먼저 절 선택하면 일이 쉽게 풀린 거고, 선택하지 않는다면 그땐 제가 공주님을 선택해 버리죠!"

"헛소리 마라. 네게 줄 말은 없어. 너는 재치는커녕 말도 잘할 줄 모르잖느냐. 넌 자격도 안 된다고!"

"말을 안 주신다면, 염소를 타고 갈게요. 염소는 저의 것이니까요."

바보 한스는 기분 좋게 웃어 보이며 염소 등에 올라타 염소의 옆구리를 걷어찼다. 염소는 보란 듯이 힘껏 내달렸고, 바보 한스는 목이 터지도록 큰소리로 노래를 불렀다.

"하하하, 자, 이제 내가 간다!"

한편 형들은 길을 가는 동안 기발한 궁리를 하느라 바빴다. 너무 예민하게 신경을 써서 서로 말 한마디도 하지 않을 정도였다. 지나치게 진지한 그들의 모습은 마치 장례식장을 찾아가는 모습처럼 보일 정도였다.

"형! 형! 나도 왔어. 이것 봐봐, 오다가 길 위에서 주웠어."

곧 형들을 따라잡은 한스가 형들에게 길에서 주운 죽은 까마귀를 흔들어 보였다.

"바보야! 그걸 가지고 뭘 하게?"

"공주님께 바치려고!"

"그러든지!"

형들은 비웃음을 감추지 않으며 말을 더 빨리 달렸다. 다른 사람들에게 바보 한스와 같이 있는 모습을 보이기 싫어서였다.

"형! 형! 이것 봐봐, 이런 보물을 아무 때나 찾을 수 있는 건 아니잖아!"

바보 한스가 다시 형들을 따라잡으며 소리쳤다.

"바보야! 그건 낡아빠진 나막신이잖아. 그딴 걸 공주님께 바칠 생각이냐?"

"물론!"

형들은 또 한 번 그를 크게 비웃고는 빠르게 말을 몰아 멀어졌다.

"형, 형, 이건 정말 신기해. 여길 봐!"

"대체 이번에는 또 뭐냐?"

"아, 공주님이 보시면 분명 기뻐하실 거야!"

"이런! 그건 도랑에서 흘러나온 진흙이잖아!"

"응. 진짜 좋은 진흙이야. 손가락 사이로 막 미끄러져 빠져나간다니까. 주머니에 가득 채워 왔어."

이번에는 형들이 비웃지 않았다. 그럴 시간에 더욱 빨리 말을 몰아 한스보다 1시간이나 일찍 성문 앞에 도착했을 뿐. 공주를 찾아온 구혼자들은 번호표를 받고 줄을 서서 기다려야 했다. 그러나 그 줄이 너무 길고 빽빽해서 구혼자들은 몸을 조금도 못 움직일 정도였다.

온 나라 백성들이 공주의 신랑감을 보려고 몰려들어 성문 앞은 더욱 혼잡해졌다. 그러나 구혼자들은 긴 기다림 끝에 차례대로 공주의 방으로 들어갔다가 차례대로 말문이 막혀 쫓겨 나올 뿐이었다.

"안 되겠어요! 나가 주세요!"

공주도 이 말을 되풀이하느라 바빴다.

드디어 라틴어 사전을 줄줄줄 외우는 첫째 형의 차례가 왔다. 그런데 첫째는 오랜 시간 줄지어 서 있는 동안 머릿속에 든 것을 새까맣게 잊어버리고 말았다. 심지어 공주의 방으로 들어서자 걸음을 옮길 때마다 바닥에서는 삐걱삐걱 소리가 났고, 천장은 거울로 되어 있어 모든 것이 반대로 보였다. 그리고 시뻘겋게 타오르는 난로의 열기로 방 안은 숨이 막힐 정도로 더웠다.

"매우 덥군요."

첫째가 말문을 열었다.

"아바마마께서 오늘은 수탉을 굽고 계시거든요."

공주가 답했다.

맙소사! 첫째는 당황하여 입을 벌린 채 얼어붙어 버렸다. 그런 황당한 말은 전혀 생각도 하지 않았던 것이다. 뭔가 재치 있게 대꾸하고 싶었지만, 그건 마음뿐이었다. 아무것도 떠오르지 않았다.

"안 되겠어요! 나가 주세요!"

첫째는 어떤 대꾸도 하지 못한 채 밖으로 나왔다. 이어서 바로 둘째의 차례였다.

"대단히 덥군요."

둘째도 방에 들어서자 말했다.

"네, 수탉을 굽는 중이라서요."

공주가 답했다.

"뭘? 뭐… 뭘 한다고요?"

둘째는 어이가 없어서 말을 더듬거렸다. 이번에도 공주는 망설임 없이 외쳤다.

"안 되겠어요! 나가 주세요!"

바보 한스 차례가 왔다. 한스는 염소를 탄 채로 공주의 방에 들어섰다.

"매우 덥군요!"

한스가 바로 말문을 열었다.

"수탉을 굽고 있어서요."

"오, 마침 잘 되었군요! 그렇다면 제가 들고 온 까마귀도 같이 튀길 수 있을까요?"

바보 한스가 천연덕스럽게 물었다.

"물론이죠! 그런데 튀길 그릇은 있나요? 여기 있는 냄비와

단지는 모두 사용 중이거든요."

공주가 한스를 보며 웃으면서 말했다.

"물론이죠! 이걸 쓰면 되겠어요."

바보 한스가 다 떨어진 나막신을 꺼내서 그 안에 까마귀를 구겨 넣었다.

"그 정도면 충분하겠네요. 한 끼 식사가 되겠어요. 그런데 소스는 어떻게 하시려고요?"

"그것도 마침 제 주머니에 있어요. 아주 많아요. 이 정도쯤 은 문제도 아니죠. 얼마든지 꺼내 써도 돼요."

바보 한스가 망설임 없이 대답하고서는 주머니에서 흘러내 리는 진흙을 꺼냈다.

"마음에 드는군요. 당신은 자기 생각을 말할 줄 알아서 좋군 요. 좋아요, 당신과 결혼하겠어요. 그런데 우리가 나눈 대화가 모두 기록되어 신문에 날 거라는 건 아세요? 창가에 서기들과 신분이 높은 귀족이 있어요. 귀족들은 누가 말해도 들으려 하 지 않을 때가 있죠."

공주가 만족감에 웃으면서도 마지막까지 한스에게 겁을 주 려고 했다.

"그렇게 높으신 분들이라면 최고의 대접을 받아야죠!"

바보 한스가 소리를 지르며 손에 든 진흙을 귀족들의 얼굴 을 향해 던졌다.

"정말 멋지군요. 나도 그렇게는 하지 못했을 겁니다. 뭐, 이젠 곧 배우게 되겠죠."

공주가 깔깔 웃으며 말했다. 얼마 뒤 바보 한스는 공주와 결혼하여 왕이 되었다.

선택에 대한 확실한 믿음

공주님이 먼저 절 선택하면 일이 쉽게 풀린 거고,
선택하지 않는다면 그땐 제가 공주님을 선택해 버리죠!

그 누구도 바보 한스가 공주의 짝이 되리라 생각하지 못했지만,
바보 한스는 자신이 생각하는 것을 현실로 이루어냈습니다.
다른 사람이 하는 이야기를 신경 쓰기보다
오로지 자신을 믿고,
자신이 하는 행동에 대한 믿음을 통해서 말이죠.

우리에게도 바보 한스처럼
현재 내가 가진 것에 신경 쓰기보다
할 수 있다는 믿음으로 당당하게 원하는 것을
진행해나가는 것이 필요한지도 모릅니다.

"인생은 선택의 연속이다."

시작할 것인가? 말 것인가?
누군가를 만날 것인가? 말 것인가?
오늘도 선택의 갈림길에서 어떤 것을 선택할 것인지 고민하며
살아갑니다.

오늘의 나의 선택이 미래를 바꾸기도 하고,
선택으로 인해 시련을 경험하게도 합니다.

선택의 갈림길에서 고민하는 이유가
다른 사람의 시선과 결과 때문이었다면
고민의 방향을 달리 해보는 것은 어떨까요?

어떤 상황이라도 내가 다가온 순간은 나의 선택입니다.
그 선택이 어리석든 아니든
우리에게 분명 배움을 줄 수 있다는 걸 믿는다면
우리가 하는 행동에 확신을 가질 수 있습니다.

내가 하려고 하는 일에 대한 믿음,
그 믿음으로 나에 대한 확신을 둬보세요.

선택에 확신을 주는 기준

작성날짜 :

선택의 기로에서 지켜야할 나만의 기준을 적어보아요.

선택의 순간,
꼭 이것만큼은 필요해

선택의 순간,
이것 만큼은 절대로 안돼!

작성날짜 :

선택의 기로에서 확신을 가지기 위해
최근 선택이 필요했던 순간이나 앞으로 선택할 일들 중
하나를 떠올려보고, 아래의 빈 칸을 따라 작성해 보아요.

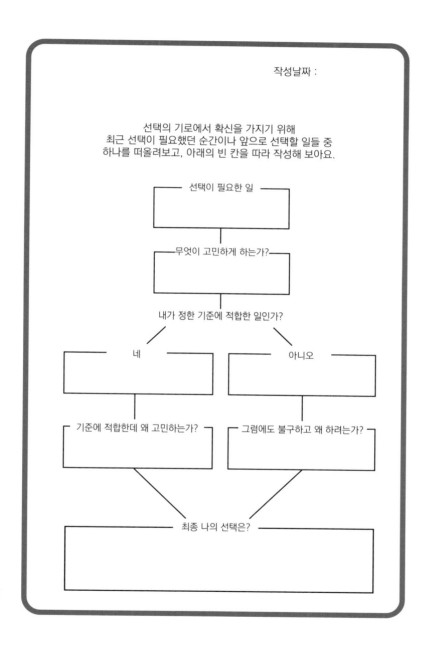

― 선택이 필요한 일 ―

무엇이 고민하게 하는가?

내가 정한 기준에 적합한 일인가?

네　　　　　　　　　　아니오

기준에 적합한데 왜 고민하는가?　　　그럼에도 불구하고 왜 하려는가?

최종 나의 선택은?

어떤 선택이든
좋고 나쁨을 이야기할 수는 없습니다.
다만, 내가 그것을 어느 정도 믿고
진전해 나갈 수 있느냐가 중요합니다.

내가 하는 선택에 대한 불안을 버리고,
잘할 수 있다는 확신을 가지세요.

멈추지 않는 이상
우리는 분명 전진하고 있을 것입니다.

확신에 차 있는 것처럼 행동하라.
그러면 차츰 진짜 확신이 생겨날 것이다.

-빈센트 반 고흐-

누구도 자기 눈에는 보이지 않는다고 말하지 않았다.

다들 바보 취급을 받는 게 두려워서 거짓말을 하기 바빴다.

그때 한 꼬마가 외쳤다.

"하지만 임금님은 아무것도 입지 않았는데."

확신 3. 벌거벗은 임금님

페르소나에 가려진 나

기억도 나지 않을 정도로 오랜 옛날에, 새 옷 입는 걸 너무나 좋아해서 옷을 차려입는데 돈을 다 써버리는 임금님이 살고 있었다. 임금님은 나라의 군대를 신경 쓰지 않았고, 연극공연이나 미술작품에도 전혀 관심이 없었으며, 오로지 새 옷에만 모든 열정을 쏟았다. 심지어 새 옷을 자랑하기 위해서가 아니라면 외출하는 일도 없었다. 하루에도 몇 번씩 옷을 갈아입어 누가 급히 임금님을 찾으면 대신들이 '회의중이십니다'라고 하는 게 아니라, '옷을 갈아입고 계십니다'라고 할 정도였다.

임금님의 궁전이 있는 곳은 이웃 나라 사람들이 자주 다녀갈 정도로 활기찬 기운이 도는 제법 큰 도시였다. 어느 날, 사기꾼 두 명이 나타나 도시에 소문을 흘렸다. 그들은 자신들이 세상에서 가장 아름다운 옷감을 짤 수 있는 직공이라고 소개했다. 그리고 자신들이 짜는 옷감은 매우 특별해서 겉만 아름다운 것이 아니라 능력이 부족하거나 바보같이 모자란 사람에게는 눈에 보이지 않는 신비한 마법의 옷감이라고 했다.

그 소문을 들은 임금님은 속으로 이런 생각을 했다. '신기하군. 좋아, 그 옷감으로 옷을 만들어 대신들에게 보여주자. 그래서 누가 쓸모가 있고, 누가 쓸모가 없는지를 골라내자. 그래, 즉시 그 옷감으로 옷을 만들게 해야겠군.'

임금님은 두 사람을 궁궐로 불러 당장 일을 시작할 것을 명하고 많은 돈을 주었다.

두 사기꾼은 직접 베틀을 설치하고 옷감을 짜기 시작했다. 하지만 베틀 위에는 사실 아무것도 없었다. 그들은 온갖 비단실을 구해 달라 하고선 실을 받아 숨겨두고 전혀 천을 짜지 않았다. 그저 밤늦도록 빈 베틀 앞에 앉아 베를 짜는 척만 할 뿐이었다.

며칠이 지났다. 임금님은 옷이 얼마만큼 만들어졌는지가 궁금했다. 그러나 모자란 바보나 능력 없는 사람에겐 옷감이 보이지 않을 거라고 했던 말이 생각나 조심스러웠다. 그래서 꾀를 낸 것이 신하들을 먼저 보내보는 것이었다. 마법의 옷감에 대해서는 이미 온 나라에 소문이 파다했기 때문에 모두들 이웃이 어떤 사람일지 알고 싶어서 안달이 나 있었다.

'나의 충성스러운 장관을 보내봐야겠군. 그러면 우수한 능력을 지닌 자니까 분명 옷감을 확인할 수 있을 거야.'

임금님의 명령을 받은 마음씨 좋은 늙은 장관은 두 사기꾼이 일하는 곳으로 찾아갔다. 그런데 베틀이 비어 있는 게 아닌가. 장관은 믿기지 않아 두 눈을 질끈 감았다가 다시 떠보았다.

'맙소사! 아무것도 안 보이는구나.'

두 사기꾼은 장관에게 다가와서 색깔과 무늬가 얼마나 화사하고 정교한지를 봐달라고 했다. 가엾은 늙은 장관은 눈앞이 아찔했다.

'내가 바보라고? 믿을 수 없어. 장관이 되기엔 내가 능력이 부족한 건가? 그렇다면 이건 큰일이지. 아무도 이 사실을 알게 해서는 안 돼. 절대 옷감이 보이지 않는다고 할 수 없어!'

"자, 보세요. 옷감이 정말 멋지죠?"

"오, 정말 훌륭하군요! 아주 멋져요! 무늬나 색깔이 딱 임금님이 좋아할 만한 거군요. 아주 멋지더라고 임금님께 말씀드리겠습니다."

늙은 장관은 일부러 안경을 눈으로 바짝 당기며 관찰하는 시늉을 하였다.

두 사기꾼은 때를 놓치지 않고 옷감의 무늬와 색상에 대해 장황하게 설명했다. 게다가 돈과 비단이 더 필요하다고까지 했다. 늙은 장관은 두 사기꾼의 말을 주의 깊게 듣고서는 임금님에게 돌아가서 마치 두 눈으로 옷감을 직접 본 것처럼 똑같이 설명했다.

며칠 후, 얼마나 더 진행되었는지 궁금해진 임금님은 이번에는 다른 정직한 대신을 보냈다. 그러나 이번에도 늙은 장관이 다녀갔을 때와 같은 일이 벌어졌다. 대신은 베틀을 보고 또 보았지만, 베틀 위에는 아무것도 보이질 않았다.

두 사기꾼은 대신의 옆으로 다가가 옷감이 얼마나 아름다운지에 대해 장황하게 늘어놓기 시작했다.

'내가 바보일 리가 없어! 내가 대신이 될 자격이 없다고? 웃기지도 않는군. 하지만 누구도 이 터무니없는 사실을 알아서는 안 되지!' 대신은 고개를 한 번 끄덕이고 나서는 보이지도 않는 옷감을 칭찬하기 시작했다.

당연히 임금님에게 돌아가서도 사기꾼들이 늘어놓은 거짓말을 그대로 옮길 뿐이었다.

이제 임금님은 직접 작업 과정을 봐야겠다는 생각이 들었다. 그래서 늙은 장관과 대신을 데리고 직접 사기꾼들을 찾아갔다. 임금님이 베틀이 있는 곳으로 찾아갔을 때, 사기꾼들은 역시나 실 한 올 없는 베틀 앞에 앉아서 열심히 옷감을 짜고 있었다.

"정말 화려하지 않습니까?"

"폐하, 제가 이제까지 본 것 중 최고입니다!"

늙은 장관과 대신이 앞다투어 베틀을 가리키며 말했다. 그들은 다른 사람 눈에는 그 옷감이 보인다고 믿고 있었기 때문이다. 다음 순간 눈앞이 깜깜해진 건 임금님이었다.

'아니, 아무것도 안 보이잖아! 이거 정말 큰일이 났군. 내가 바보란 말인가? 황제가 되기엔 부족한가? 하지만 누구도 이 사실을 알아서는 안 되지!'

임금님은 소리를 크게 내어 웃으면서 말했다.

"오, 참으로 훌륭하다! 내 마음에 꼭 드는 자태다!"

임금님은 만족한 듯 고개를 크게 끄덕이며 비어 있는 베틀에서 눈을 떼지 않았다. 임금님을 따라온 다른 신하들도 베틀을 보고 또 보았지만, 아무것도 보이지 않았다. 그러나 누구 하나 그걸 말할 수는 없었다. 다들 옷감이 보이는 척 연기하느라 바빴다.

"정말 근사하군요!"

신하들은 한술 더 떠서 임금님에게 다음 행진 때 마법의 옷감으로 만들어진 새 옷을 입고 나가라고 권하기까지 했다.

행진이 시작되기 바로 전날 밤, 사기꾼들은 열여섯 개의 촛불을 켜두고 베틀에 앉아 밤새도록 일하는 척을 했다. 임금님의 새 옷을 완성하기 위해 심혈을 기울이고 있다는 걸 일부러 사람들에게 보여주기 위해서였다. 사기꾼들은 베틀에서 옷감을 들어내는 척하더니 공중에서 큰 가위로 자르는 시늉을 하고, 또 실도 없는 바늘로 깁는 척을 했다.

"자, 이걸로 완성입니다."

기다리던 임금님은 신하들을 이끌고 그곳으로 갔다. 두 사기꾼은 조심스럽게 들어 올리는 시늉을 했다.

"이건 바지, 이건 웃옷, 이건 옷자락입니다. 이 옷은 거미줄보다 가볍답니다. 입어도 걸친 느낌조차 나지 않으실 겁니다. 그게 이 옷의 숨겨진 장점이죠. 폐하, 이제 입고 있으신 옷을 벗으시지요. 저희가 직접 새 옷을 입혀 드리겠습니다. 큰 거울 앞에 서시면 됩니다."

임금님은 사기꾼들의 말대로 따랐다. 사기꾼들은 정성스럽게 옷을 입혀주는 척을 했다. 심지어 잡고 갈 옷자락을 임금님의 허리에 단단히 매어 주는 척까지 했다. 임금님은 거울 앞에서 이리저리 몸을 돌리며 보이지도 않는 옷을 칭찬했다.

"그래, 이제 다 입었다. 내 옷이 잘 어울리지 않느냐?" 임금님은 옷을 감상하는 척하며 다시 한 번 거울 앞에서 자세를 잡아보았다.

옷자락을 붙들고 가야 할 두 시종이 옷자락을 잡으려고 바닥을 더듬어 보았지만, 아무런 느낌도 없었다. 그들은 감히 말할 수가 없어서 옷자락을 붙들고 가는 시늉만 해야 했다.

드디어 임금님의 행진이 시작되었다. 임금님과 마법의 옷감으로 만들어진 새 옷을 보려고 모인 사람들이 **빽빽**하게 모여들었다. 그들은 하나같이 임금님의 옷이 아름답다고 침이 마르도록 칭찬을 아끼지 않았다.

"어머나, 너무 근사하다! 저 문양을 봐. 임금님을 더욱 돋보이게 해주잖아."

누구도 자기 눈에는 보이지 않는다고 말하지 않았다. 다들 바보 취급을 받는 게 두려워서 거짓말을 하기 바빴다. 그때 한 꼬마가 외쳤다.

"하지만 임금님은 아무것도 입지 않았는데."

"이 순진한 아이의 말을 들어보세요."

꼬마의 아버지가 자랑스럽게 아이를 들어 올리며 주위를 둘러봤다. 그러자 사람들이 하나, 둘씩 웅성거리기 시작했다.

"임금님이 아무것도 안 입었대. 저기 저 아이가 그러잖아."

"임금님이 발가벗었다!"

마침내 사람들이 일제히 소리쳤다.

페르소나에 가려진 나

그때 한 꼬마가 외쳤다.
"하지만 임금님은 아무것도 입지 않았는데."

장관과 대신은 임금님의 옷이 보이지 않았음에도 사실을 말하지 못했습니다. 옷이 보이지 않는다고 말하는 순간 바보 취급을 받을 수 있다는 생각에 진실을 거짓으로 만들어 버립니다.

우리 일상에서도 내가 가진 것을 지키기 위해서 진짜 나를 드러내지 못하는 경우가 있습니다. 그런 모습은 '나는 누구이며, 무엇을 위해서 살아가고 있는 것인가?'라는 의문을 불러오고, 삶에 대해 허무함도 가져옵니다.

그런 당신을 위해
과감히 무거운 페르소나를 벗어 던질 것을 권합니다.

우리는 어린 시절부터 현재 상황 및 역할에 맞춰
적절하게 행동해야 한다고 배워왔습니다.
마치 이것이 성숙한 사람으로서 갖추어야 할 미덕처럼 말이죠.
그렇지만 사회에서 요구되어온 인식은 언제부터인가
진짜 나의 모습을 잃게 만들어 가고 있는지도 모릅니다.

사회에서 요구한 대로 살아가며
나를 잃어버린 당신에게 묻습니다.

나.
나는 누구인가?
현재 하고 있는 행동은 진정 내가 원하는 것인가?
누군가에게 보여주기 위한 것인가?
사회가 요구하는 모습이 아닌 진정 나를 위한 삶을 살아가기
위해서는 어떻게 해야 하는 것인가?

* 페르소나 (심리학 용어)
 - 개인이 사회생활 속에서 사람들로부터 비난받지 않기 위해 겉으로 드러내는,
    자신의 본성과는 다른 태도나 성격. 사회의 규범과 관습을 내면화한 것.

당당한 민낯을 위한 시도

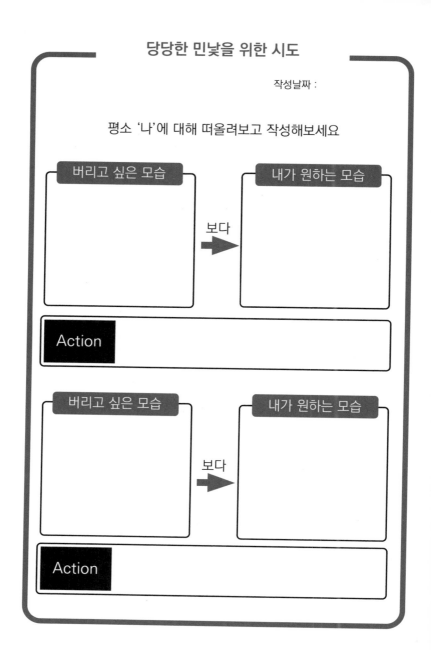

작성날짜 :

평소 '나'에 대해 떠올려보고 작성해보세요

버리고 싶은 모습

내가 원하는 모습

보다

Action

버리고 싶은 모습

내가 원하는 모습

보다

Action

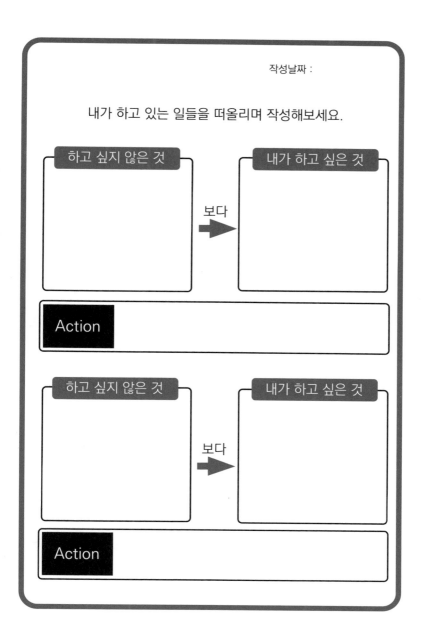

작성날짜 :

내가 하고 있는 일들을 떠올리며 작성해보세요.

하고 싶지 않은 것

내가 하고 싶은 것

보다

Action

하고 싶지 않은 것

내가 하고 싶은 것

보다

Action

나는 왜 지금까지 내가 하는 생각들을,
감정들을 솔직하게 표현하지 못했던 것일까?

나는 왜 항상 사람들 앞에서 어른이어야만 했을까?
그 누구도 내게 그런 모습을 바란 적 없었는데
스스로 어른이어야만 한다고 생각해서
자신에게 엄격하기만 했다.

사람들의 만남을 통해 지금 내가 어떤 위치에 있든
그 모습은 내가 결정한 모습이라는 것을
받아들이는 시간이 필요했다.
그리고 지금부터의 나는
내가 살고 싶은 삶을 질문하고 만들어 가야 한다는 걸
절실히 느끼게 되었다.

- 『독서모임, 같이 가치를 만들다』 중 윤지영 편에서 -

사람(person)이라는 첫 번째 뜻은 '가면'이다. 사람은 저마다 자신에게 주어진 역할에 맞는 연기를 하기 위해 '가면'을 쓰고 살아간다.

-어빙 고프만-

Memo.

읽고 실천하며 느낀 점들을 정리해보아요.

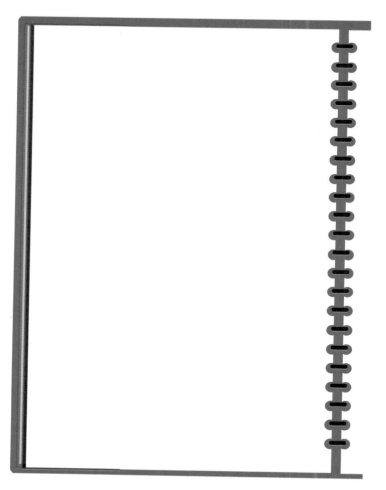

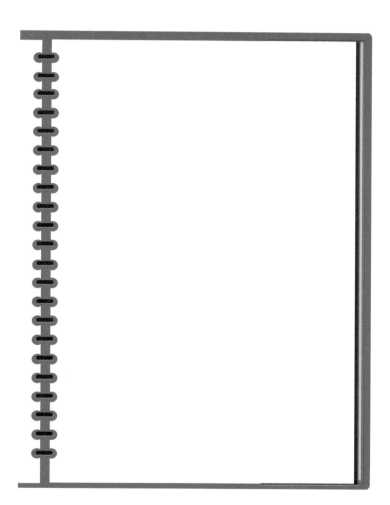

Memo. 151

Chapter 04

권리

더욱 단단해질 '나'를 위해
과정에서 얻게 되는 배움을
사랑할 권리

하지만 그때부터 더 멋진 삶이 시작되긴 했지.

똑같은 것이 때론

전혀 다른 것으로 거듭날 수도 있는 거지.

권리 1. 찻주전자

내 삶을 사랑할 권리

자기 몸이 도자기로 만들어졌단 사실을 뽐내기 바쁜 찻주전자가 있었다. 찻주전자는 가늘고 긴 주둥이와 넓은 손잡이가 달려 있어 자랑거리가 앞뒤로 있다는 것도 만족스러웠다. 그러나 보기 흉하게 금이 가서 아교로 붙여놓은 뚜껑에 대해서는 한마디도 하지 않았다. 굳이 결점에 관해서는 이야기하지 않아도 주변에서 들춰내어 떠들어대기 바쁜 법이니까.

찻잔, 크림 통, 설탕통들은 찻주전자의 가늘고 긴 주둥이나 든든한 손잡이보다는 아교로 붙인 뚜껑에 관해 이야기하는 걸 훨씬 더 즐겼다. 찻주전자는 그런 사실을 아주 잘 알고 있었다.

"난 저것들이 무슨 속셈인지를 알아. 난 내 결점을 알 만큼은 겸손해. 하지만 누구에게나 결점이 있으면, 재능도 있는 거 잖아. 찻잔에겐 손잡이가 있고, 설탕 통에는 뚜껑이 있지만, 내 겐 둘 모두가 있지. 거기다가 난 그것들에겐 없는 주둥이도 있 고. 그래서 난 티테이블에서 여왕 대접을 받지. 설탕 통과 크림 통은 하인이지만, 난 주인이란 거지. 난 여왕답게 목마른 자들 에게 은총을 베풀어. 내 안에서는 향긋한 찻잎과 펄펄 끓는 물 이 만나 맛있는 차를 우려내지."

그러던 어느 날, 찻주전자가 티테이블 위에 앉아있는데, 아 주 고운 손이 그를 집어 들려다가 그만 놓치고 말았다. 뚜껑은 말할 것도 없고, 자랑하던 주둥이도, 손잡이도, 모두 부러지고 말았다. 끓는 물이 마구 쏟아져 나와 놀란 찻주전자는 그 자리 에서 기절하고 말았다. 그러나 가장 비참했던 건 모두 찻주전 자를 떨어뜨린 서투른 손길이 아니라, 찻주전자를 비웃는다는 점이었다.

훗날 어린 시절을 떠올리면서 찻주전자는 이렇게 중얼거렸다.

"결코 그 일을 잊지 못해! 절대로… 감히 날 폐물이라며 찬 장 구석에 처박아 버렸지. 다음날, 사람들은 구걸하러 온 여자 거지에게 날 주고 말았어. 날 가난 속으로 떠밀어 넣은 거야. 다시 생각해봐도 기가 막혀. 하지만 그때부터 더 멋진 삶이 시 작되긴 했지. 똑같은 것이 때론 전혀 다른 것으로 거듭날 수도 있는 거지.

사람들은 내 몸속에 흙을 채워놓았어. 찻주전자에겐 그건 사실 사형선고나 다름이 없지. 하지만 흙 속에는 꽃뿌리도 있었어. 누가 그랬는지는 모르겠지만, 아무튼 내 몸 안에 누가 꽃뿌리를 넣어둔 거야. 어쩌면 중국산 찻잎과 끓는 물 대신 그걸 넣어준 건지도 모르겠어. 내 주둥이와 손잡이가 부러진 걸 위로해주려고 말이야. 내 몸속의 흙에 묻힌 꽃뿌리는 금방 내 심장이 되었어. 살아 움직이는 심장 말이야. 난 살아 숨 쉬게 되었지. 예전엔 상상조차 할 수 없던 일이었어. 힘이 넘치고 맥박이 고동쳤어. 꽃뿌리가 싹을 틔우자 내 생각과 오감이 내 안을 가득 채워 넘칠 것처럼 요동치더니 꽃을 피웠지. 그 광경을 모두 눈에 담았어. 나는 내 안에서 피어난 꽃에 취해서 나 자신마저 잊고 말았지.

다른 뭔가에 몰입하여 자신을 잊는다는 건 참으로 큰 축복이야. 꽃은 내게 감사하단 말을 단 한 번도 하지 않았어. 아마 내가 있는지조차 몰랐을 거야. 하지만 그 꽃을 보는 사람들은 누구나 감탄을 했어. 그걸 지켜보던 나는 무척 행복했어. 그러니 그 꽃은 얼마나 행복했을까.

그러던 어느 날, 꽃이 너무 아름답다 보니까 더 좋은 화분으로 옮겨야겠다는 이야길 들었어. 그리고 날 두 동강 냈지. 숨이 멎을 듯한 고통이었어. 결국 꽃은 더 좋은 화분으로 옮겨갔고, 난 여기 마당에 버려졌어. 쓸모없는 파편이 되어 여길 뒹굴게

된 거지. 하지만 내겐 아름다운 추억이 있어. 그건 그 누구도 내게서 빼앗아 갈 수 없는 거야."

내 삶을 사랑할 권리

하지만 그때부터 더 멋진 삶이 시작되긴 했지.
똑같은 것이 때론
전혀 다른 것으로 거듭날 수도 있는 거지.

내가 가진 결점을 누군가가 드러낼까 봐 먼저 그 결점을 드러
내고, 스스로 상처를 받는 사람들이 있습니다.
나에게 결점만 있는 것도 아닌데
왜 그 결점을 들추지 못해서 안달이었을까요?

찻주전자는 여러 수난을 겪지만, 그 모든 경험을
그 누구도 빼앗아갈 수 없는 아름다운 추억이라 말합니다.
내게 일어나는 일들이
아픔이 아닌 추억으로 자리 잡을 수 있다는 것,
내 삶을 사랑하고 순간순간 일어나는 일들을
온전히 나로 받아들이기 위한 과정이라 생각하는 것처럼
우리도 우리의 여정을 사랑할 권리가 있습니다.

살아가다 보니 가슴 벅차게 행복한 일도 있지만,
찢어질 듯한 고통을 느끼는 순간도 있습니다.

지나가지 않을 것 같던 그 시간이 지나간 후 우리는 느낍니다.
내가 지나온 그 길이 결코 의미 없는 길이 아니었다는 것을.

나도 이 인생은 처음이라
겪고 있는 모든 일이 익숙하지만은 않습니다.
하지만 익숙하지 않은 길이기에
우리의 삶을 더욱 흥미롭게 만들어 가는 것인지도 모릅니다.

처음 걷는 이 모든 길을
누군가에게 인정받기 위해서가 아닌
나를 사랑하기 위한 길로 만들어 가길 원합니다.

나는 충분히 아름답습니다.
내가 가진 그대로의 모습을 보여주십시오.

'나'를 사랑하며 살아갈 권리

작성날짜 :

'나'는 어떤 사람인가요? '나'에 대해 적어보아요.

장점	나는 어떤 사람?	좋아하는 것
단점		싫어하는 것
내가 좋아하는 단어	나를 한 문장으로 표현한다면?	

자주 하는 일	내가 행복할 때	원하는 삶
자주 하는 말		갖고 싶은 모습

나는 어떤 사람이고 싶은가?	나에게 나는 어떤 의미인가?

나를 사랑한다고 이야기하면서
정작 내가 좋아하는 것이 무엇인지,
내가 하고 싶은 것이 무엇인지 모르고 있지는 않나요?

다른 사람이 생각하는 '나'가 아닌
내가 생각하는 '나'를 보면서
오늘의 나를 더 사랑하는 시간을 가져요.

당신은 다만 당신이라는 이유만으로
사랑과 존중을 받을 자격이 있다.

-앤드류 매튜스-

"중요한 건 결국 눈에 보이는 거야!

그게 다야,

결국 중요한 건 눈에 보이는 게 전부라고!"

권리 2. 높이뛰기 선수들

단단한 길을 만들어 가는 당신을 위해

남자들의 내기란 늘 별것도 아닌 일에서부터 시작된다. 사소한 것에 자존심을 걸고 말다툼을 벌이다 결국 점점 판이 커져 구경꾼들까지 모여들기 마련이다.

여기 모인 벼룩과 메뚜기, 그리고 춤추는 인형도 마찬가지다. 그들은 누가 가장 높이 뛸 수 있는지에 대해 열을 올렸고, 결국 세상 모든 동물들을 초대해 그들이 보는 앞에서 결판을 내기로 했다. 서로 자기가 이길 거란 확신을 하고 있었다.

소문은 삽시간에 퍼져 늙은 국왕의 귀에까지 들어갔다. 무료하던 차에 흥미를 느낀 국왕이 상금을 내걸었다.

"단순히 시합에서 이겨 명예만 챙기면 재미가 없겠지. 좋아,

승자에겐 내 딸과 결혼할 기회를 주겠다. 이보다 더 멋진 상금이 또 있겠는가?"

결국 상금도 걸리고, 심판도 구하고, 구경꾼들까지 모두 모였다. 벼룩과 메뚜기, 그리고 춤추는 인형은 차례대로 나와 자기소개를 했다.

먼저 벼룩이 나왔다. 벼룩은 예의 바르고 점잖았다. 오랜 시간 사람들 속에 섞여 살았던 덕이다.

다음은 메뚜기였다. 태어날 때부터 세련된 초록빛의 옷을 입은 메뚜기는 한눈에 봐도 기품이 있었다. 메뚜기는 스스로 전통이 있는 이집트 귀족 가문 출신이라고 밝혔다. 메뚜기는 기품 있게 천천히, 그러나 쉬지 않고 자기 자랑을 길게 늘어트렸다. 벼룩도 이에 질세라 입을 놀렸다. 둘 다 자기야말로 공주와 어울리는 짝이라며, 그에 걸맞은 자격을 갖췄단 사실에 힘을 주었다.

끝으로 춤추는 인형의 차례가 되었다. 앞에 무대를 오른 둘과 달리 춤추는 인형의 차림새는 그다지 화려하지 않았다. 새의 뼛조각과 고무끈, 작은 막대기로 만들어진 그는 대신 입이 무거웠다. 앞서 자기 자랑을 열심히 하던 벼룩과 메뚜기와는 달리 아무런 말도 하지 않았던 것이다.

동물들은 그런 당당한 태도를 보며 그에게 놀랄만한 능력이 숨겨져 있으리라 생각하기에 이르렀다. 먼저 궁중의 개가 다가와 춤추는 인형의 냄새를 맡았다. 곧이어 그에게서 부유층에서 나 날 법한 냄새가 난다고 했다. 다음은 늙은 외교관이 나서서는 그가 틀림없이 예언을 할 수 있을 것이라 말했다.

"지금은 말을 아끼고 있지만, 나도 모두에 대해 나름의 생각이 있다네."

지켜보고 있던 국왕은 그저 고개를 끄덕일 뿐이었다.

드디어 높이뛰기 대회가 시작되었다. 가장 높이 뛰어오른 건 벼룩이었다. 문제는 너무 높이 뛰어올라서 아무도 벼룩을 보지 못했다는 거다. 그래서 다들 벼룩이 전혀 뛰지 않았다고 말해버렸다. 다음으로 높이 뛰어오른 건 메뚜기였다. 벼룩의 반 정도로 펄쩍 뛰어올랐는데, 하필이면 그만 국왕의 얼굴로 내려앉고 말았다. 늙은 국왕은 화를 감추지 않았다.

춤추는 인형의 차례가 되었다. 춤추는 인형은 이번에도 조용했다. 가만히 앉아만 있었기 때문에 결국 다들 그가 뛰어오르지 않을 거로 생각했다.

그렇게 다들 흥미를 잃고 자리를 털고 일어서려고 할 때, 춤추는 인형은 살짝 뛰어올랐다. 비스듬히, 관객석 중앙에 마련된 공주의 의자를 향해서. 춤추는 인형은 그대로 공주의 무릎 위로 살포시 내려앉았다.

"오늘 경기의 승자는 춤추는 인형이다. 춤추는 인형은 비범

하며, 좋은 것을 제대로 볼 줄 아는 안목도 지녔다는 것을 보여 주었다. 공주도 그를 제대로 보는 시간을 가졌으면 한다."

벼룩과 메뚜기가 투덜거린 건 말할 것도 없다.

"제일 높이 뛰었던 건 나야. 헌데, 그럼 뭐해? 정작 공주와 만나 결혼하는 건 춤추는 인형일 텐데, 짐승의 뼛조각과 고무 끈, 작은 막대기로 만들어진 촌놈과 말이야. 몰라, 그날 제일 높이 뛰었던 건 나야! 그렇지만, 세상은 당장 눈에 보이는 것만 중요하지." 벼룩이 한탄했다.

그 후 벼룩은 군대에 입대했고, 전쟁터에서 소식이 끊겼다. 메뚜기도 불평을 쏟아내며 도랑에 앉아 슬픈 노래를 불렀다.

"중요한 건 결국 눈에 보이는 거야! 그게 다야, 결국 중요한 건 눈에 보이는 게 전부라고!"

메뚜기의 슬픈 노래는 계속되었다.

단단한 길을 가는 당신을 위해

중요한 건 결국 눈에 보이는 거야!
그게 다야, 결국 중요한 건 눈에 보이는 게 전부라고!

벼룩과 메뚜기는 내기에서 이기기 위해서 본인이 가진 것 이상
을 상대에게 이야기하고 뽐내려 했습니다. 하지만 높이뛰기 내
기에서 승리한 것은 바로 춤추는 인형이었습니다.

정말 눈에 보이는 것이 전부일까요?
'빈 수레가 요란하다.'라는 말이 있습니다.
자신이 가진 것을 큰 목소리로 과장해서 이야기하는 것은 그
순간에는 타인에게 인정받을 수 있을지 모르지만, 시간이 지날
수록 요란함은 비어있음을 감추기 위한 얕은 수단이라는 것을
알게 됩니다.

있는 그대로의 모습으로 담담하게 전진한 춤추는 인형이 승리
한 것은 우연이 아니라는 것이죠.

그 누구보다 열심히 했음에도 내가 하는 일의 가치를
알아주는 사람이 없는 것 같아 서운함을 가진 적 있나요?

열정은 목소리가 큰 것이 아니라
지치지 않는 것이라는 말을 믿고 묵묵히 내 일을 해왔는데
보이지 않는 성과로 답답함을 느낀 적 있나요?

눈에 보이는 것이 중요한 것이 아니라고
마음속에 되뇌어 보지만
보이는 것에 눈을 돌릴 수밖에 없는 현실에
내가 가진 신념을 지키지 못하고,
누군가에게 보여주기 위한 삶을 살아가는
당신에게 말합니다.

빠르게 간다고 길게 갈 수 있는 것이 아니라
느리게 가는 만큼 더욱 단단한 길을 만들고 있는 것이라고…
우리에게 중요한 것은
타인이 원하는 결과를 내기 위함이 아닌
내가 원하는 것을 얻기 위한 과정에서 얻게 되는 배움일지 모
릅니다.

단단하게 성장할 권리

작성날짜 :

3. 느림 속에서 얻게 되는 것은 무엇인가요?

2. 느리게 가고 있다고 생각하게 한 것은 무엇인가요?

1. 느리다는 생각에 답답했던 순간

지금보다 더 단단하고 싶은 '나'의 모습

단단하게 다져지기 위해서 해야 하는 것은 무엇인가요?

더욱 단단해질 나를 위해 응원의 메세지를 전하세요.

가끔 그럴 때가 있습니다.
자신이 가진 것을 큰 목소리 내어 이야기하는 사람이
다른 사람들에게 인정받을 때
'나는 도대체 무엇을 하며 살고 있는 것일까?'라는…

하지만 지금은 알고 있습니다.

얕고 빠르게 자리에 오른 사람은
깊고 단단하게 자리에 오른 사람보다
길게 그 자리에 있을 수 없다는 것을.

그래서 나는 오늘도 느리더라도
단단한 나를 만들기 위해 그 길을 걸어가기로 했습니다.

멈추지 않는 이상
얼마나 천천히 가는지는 문제가 되지 않는다.

-공자-

Memo.

읽고 실천하며 느낀 점들을 정리해보아요.

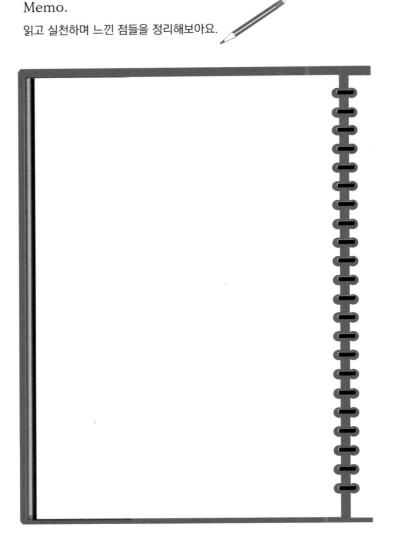

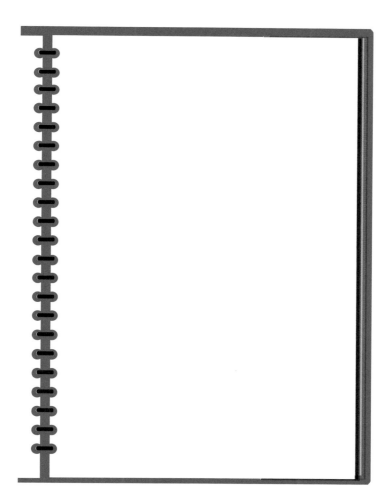

Memo.

Chapter 05

결심

'나'의 삶을 사랑하고
성숙한 사람으로 성장하기 위한 결심

"다들 사과나무 가지가 아름답다고 하지만,

신은 이 겸손한 꽃에게 또 다른 아름다움을 나눠주신거 같아요.

사과나무 가지와 민들레는 서로 다르게 생겼지만,

모두 다 하나같이 아름답죠."

결심 1. 우쭐한 사과나무가지

존중으로 더 커지는 나

아직은 바람이 서늘한 5월이었다. 그러나 꽃과 나무, 푸르른 들판은 봄이 왔음을 노래했다. 울타리마다 들꽃이 만발했다. 봄은 작은 사과나무에 내려앉았다. 싱싱한 사과나무 가지에는 막 피어나려는 붉은빛의 꽃봉오리가 달려 있었다. 사과나무 가지는 자신이 아름답단 사실을 잘 알고 있었다. 심지어 자기 팔에 달린 잎과 수액까지도 아름다운 것들이라 생각했다. 그래서 지나가던 화려한 마차가 멈추어 서고 거기에서 젊은 백작 부인이 내려 자신을 향해 감탄하며 다가왔을 때도 그건 당연한 거로 생각했다.

"어머나 어찌 이렇게 고울까! 이건 봄의 상징이나 다름없어." 백작 부인은 가지를 꺾어 조심스레 감싸 쥐며 비단양산으로 가렸다. 마차는 다시 백작 부인을 태우고 성을 향해 내달렸다. 성은 화려했다. 수많은 객실과 홀들이 있었다. 열린 창마다 하얀 커튼이 춤을 췄고, 반짝이는 꽃병마다 근사한 꽃들이 들어있었다. 백작 부인이 사과나무 가지를 너도밤나무 가지들 사이에 꽂았다. 백작 부인은 사과나무 가지를 바라보는 것만으로 흐뭇한 웃음이 번져 나왔다. 사과나무 가지는 우쭐해졌다.

다양한 사람들이 그 방을 다녀갔다. 사과나무 가지를 본 사람들의 반응 역시 그만큼 다양했다. 무표정으로 한마디도 안 하는 사람들도 있었고, 지나치게 열을 내며 칭찬을 쏟아내는 사람들도 있었다. 그들을 지켜보던 사과나무 가지는 인간들도 꽃들처럼 성격이 사람마다 다 다르다는 걸 깨달았다. 장식이나 진열용으로 딱 맞는 사람과 없어져도 티가 나지 않을 사람, 그리고 정말 중요한 사람까지. 사과나무 가지는 열린 창을 통해 펼쳐진 정원을 바라보았다. 거기에도 풍성하고 아름다운 꽃이 있는가 하면, 눈에 들어오지도 않는 보잘것없는 것들이 있었다.

'불쌍하군, 대접조차 받지 못하다니! 이런 곳에서 우아한 꽃병에 꽂힌 나하고는 감히 비교조차 안 되겠어. 저들이 혹시라도 이런 생각을 한다면, 그건 정말 불행이 따로 없겠군. 모든 것에는 명백한 차이가 있어. 그렇지 않다면, 모두가 똑같아야 하니까.' 사과나무 가지는 측은한 동정심으로 들판과 도랑에 핀 작은 꽃들을 둘러봤다. 너무 흔하고 평범해서 꽃다발로 만드는데 사용되지도 않는 것들이었다. 사과나무 가지에겐 그저 흔한 잡초처럼 보였다.

"가엾군. 이름조차 개꽃이나 민들레라고 한다지? 불리는 이름마저 추하군. 하지만 세상 모든 것들은 차이가 있는 법이지."

"물론, 차이는 있지!" 따스한 햇볕이 사과나무 가지에 입을 맞추었다. 그리고는 들판의 민들레에게도 똑같이 입을 맞추었다. 해님은 모든 꽃과 식물들에게 똑같이 입을 맞추었다.

"편견을 좀 버리고 보는 건 어때? 네가 그렇게 불쌍히 여기는 꽃의 이름은 무엇인데 그러냐?"

"민들레요. 그건 잡초나 다름없어요. 꽃다발로도 쓰지 않고, 너무 흔해서 지나다니는 사람들 발에 밟히는 게 일이죠. 기껏 하는 일이 솜털 같은 꽃을 피워 날아다니거나 사람들 옷에 들러붙는 거죠. 그저 내가 민들레가 아니라는 게 다행일 뿐입니다!"

그때 들판을 가로지르며 아이들이 나타났다. 노란 꽃들이 피어있는 풀밭에 이르자 다들 깔깔대며 이리저리 풀밭을 뛰어다니며 뒹굴기 시작했다. 그러다 노란 민들레꽃을 따서 입을 맞추기도 하고 큰아이들은 줄기에서 꽃을 떼어내고 둥글게 엮어 목걸이를 만들거나 화관을 만들었다. 녹색 줄기 위로 금빛이 나는 꽃들이 장식처럼 박혀서 근사한 모양이었다. 솜털 모양의 씨가 붙어 있는 것들은 아이들이 입에 대고 '후' 하고 불었다. 민들레 꽃씨가 날개를 단 흰 나비처럼 훨훨 날아갔다. 잡초나 다름없다고 하지만, 아이들에겐 어떤 꽃들보다 아름다운 것이었다.

"저걸 봐! 이제 저 꽃들이 얼마나 아름다운지 알겠어? 게다가 사람들에게 얼마나 큰 즐거움을 주는지 말이야?"

해님이 사과나무 가지를 돌아보며 말했다.

"그건 아이들에게나 그런 거죠!"

그때 들판으로 할머니 한 명이 나타났다. 무딘 칼로 조심스럽게 땅을 파서 민들레 뿌리를 캐내기 시작했다. 그 뿌리로 차를 끓이고, 약을 만드는 약사에게 약초로 팔아 용돈을 마련하기 위해서였다.

"하지만 아름다움이란 건 그런 가치들보다 훨씬 우월하죠. 선택받은 소수만 아름다움의 왕국에 입성할 수 있잖아요. 인간들처럼 꽃들도 모두 같을 수는 없죠."

그때 백작 부인과 일행들이 방으로 들어섰다. 백작 부인의 손에는 이번에도 꽃이 들려 있었는데, 사과나무 가지를 가져올 때보다 훨씬 더 조심스럽게, 정성을 들여 포장한 상태였다. 백작 부인이 시간을 들여 조심스럽게 포장을 벗겼다. 그러자 그 안에서는 민들레의 씨앗이 나타났다. 백작 부인은 가는 솜털이 하나라도 날아갈까 싶어서 최대한 조심스럽게 운반해온 것이다. 백작 부인의 노력 덕에 당장에라도 날아갈 것은 같은 가녀린 형태와 투명한 아름다움의 조화가 온전하게 빛을 발해 모두의 감탄을 자아냈다.

"이 아이를 보세요. 정말 아름답죠? 사과나무 가지와 함께 이 민들레를 그릴 겁니다. 다들 사과나무 가지가 아름답다고 하지만, 신은 이 겸손한 꽃에게 또 다른 아름다움을 나눠주신 거 같아요. 사과나무 가지와 민들레는 서로 다르게 생겼지만, 모두 다 하나같이 아름답죠."

그때 해님이 초라한 민들레와 풍성한 꽃을 피운 사과나무 가지에게 똑같이 입을 맞추었다. 그러자 사과나무 가지는 부끄러움에 고개를 들지 못하고 꽃잎만 붉게 물들였다.

존중으로 더 커지는 나

사과나무 가지와 민들레는 서로 다르게 생겼지만,
모두 다 하나같이 아름답죠.

사과나무는 자신의 아름다움은 인정하면서 민들레는 보잘것없는 존재라고 생각했습니다. 하지만 민들레는 아이들의 즐거운 놀이감, 약사에게는 귀한 약초로, 백작 부인에게는 날아갈까 조심스러운 존재로 가치를 지닌 꽃이었습니다.
풍성한 꽃을 피운 사과나무가 고개 들지 못한 건 뽐내기에만 바빠 다른 꽃들의 가치를 발견하지 못한 부끄러움 때문이겠죠.

맞습니다.
나에겐 그 누구도 가지지 못한 아름다움을 가지고 있습니다.
하지만 내 것만을 주장하는 것이 아닌 타인이 가진 아름다움을 존중하고 인정해 줄 때 더욱 성숙한 사람으로 태어날 수 있죠.

자존감을 높이기 위해서 자신의 가치를 발견하고,
자신을 존중하는 마음을 가지라는 이야기를 많이 합니다.
헌데 자칫 잘못된 자존감은 자신을 돌보는 방법만 생각하고,
타인을 배려하지 않는 경우를 만들기도 합니다.

다른 사람의 시선을 의식하라는 것이 아닙니다.
내가 가진 아름다움을 존중하듯이
타인이 가진 아름다움도 존중하자는 것입니다.
혼자일 때보다 함께할 때
우리는 더욱 빛나는 존재가 될 수 있습니다.

타인의 아름다움과 나의 아름다움을
함께 찾아갈 수 있는 성숙함을 가져보아요.

성숙한 '나'를 위한 기본, '존중'

작성날짜 :

문제가 되는 유형을 미리 생각해보고,
더 나은 대안을 찾기 위한 방법을 생각해보자.

1. 존중으로 관계를 맺어라.

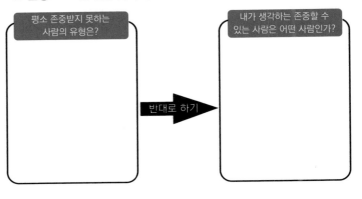

2. 만나면 행복한 사람을 가까이 하라.

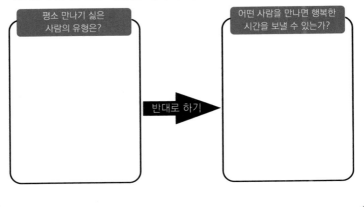

3. 존재만으로 힘이 되는 사람과 함께 하라.

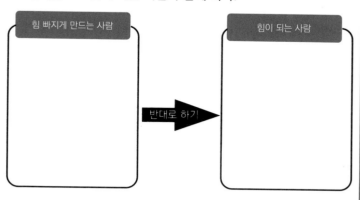

힘 빠지게 만드는 사람

힘이 되는 사람

반대로 하기

4. 성숙한 나를 위해 실천할 것

- 1, 2, 3에서 작성한 내용 중 실천하고 싶은 것을 작성해 보세요.

1. 존중으로 관계를 맺기 위한 실천

_____

2. 만나면 행복한 사람을 가까이 두기 위한 실천

_____

3.존재만으로 힘이 되는 사람이 되기 위한 실천

_____

나의 말이 맞다고 해서
다른 사람의 말이 틀린 것은 아니에요.
단지 나의 입장, 상대방의 입장이 서로 다르고
그 삶을 살아보지 않았을 뿐이지요.

존중은 당연하게 오는 권리가 아니라
먼저 이해하는 마음에서 출발하여 쟁취하는 것입니다.

자신에 대한 존중이 우리의 도덕성을 이끌고,
타인에 대한 경의가 우리의 몸가짐을 다스린다.

                                        -로렌스 스턴-

"그러나 정원에서는

여전히 새로운 장미 나무가 꽃을 피웠고,

새로운 달팽이들이

여전히 아무런 의미가 없는 세상을 향해 침을 뱉었다."

결심 2. 달팽이와 장미 나무

감정의 주인으로 살아가기

드넓은 목초지와 들판이 있는 어느 곳에 개암나무로 된 울타리로 몸을 두른 정원이 있었다. 그 한가운데에는 아름다움의 절정을 향해 피어나는 장미 나무 한 그루가 있었는데, 그 아래에는 달팽이 한 마리가 있었다. 달팽이는 껍질 속에 자신을 넣어놓고 있었다.

"때를 기다려. 꽃을 피운다거나, 열매를 맺는다거나 그런 것보단 더 나은 일을 해 보일 테니까 말이야." 달팽이가 말했다.

"정말 기대되는걸. 그게 언제일까?" 장미 나무가 겸손하게 고개를 굽히며 물었다.

"난 서두르진 않거든. 너처럼 서두르면 기대감만 사라지는 거야."

해가 바뀌었다. 달팽이는 여전히 장미 나무 아래에서 편히 쉬고 있었다. 장미 나무는 다시 꽃봉오리를 맺고 싱그러운 꽃을 피웠다. 그렇게 피어난 꽃들 중 똑같은 장미꽃은 하나도 없었다. 달팽이는 껍질에서 몸을 반만 내밀고 더듬이를 움찔거렸다.

"해가 바뀌었지만, 모든 게 똑같군. 변화나 발전이라고는 조금도 없어. 장미 나무는 또 꽃을 피우고 있네. 다른 건 할 줄도 모르나 보군."

겨울이 왔다. 장미 나무는 첫눈이 찾아올 때까지 계속 꽃을 피웠다. 그러다 바람이 더 싸늘해지자 장미 나무는 가지를 구부렸고, 달팽이는 땅속으로 들어갔다.

다시 봄이 찾아왔다. 장미 나무는 언제나처럼 꽃을 피웠다.

달팽이는 고개를 내밀고 장미 나무를 올려다보며 말했다. "너도 이제 늙었구나. 곧 시들겠지. 넌 네가 가진 걸 세상에 모두 주었어. 그게 얼마나 가치 있었는가 하는 건 모르겠지만 말이야. 그런 건 생각할 겨를도 없고. 분명한 건 네가 너의 내면을 발전시키고 가꾸는 일은 조금도 하지 않았다는 거지. 그랬다면 좀 더 나은 것이 될 수도 있었을 텐데 말이야. 이제 너는 곧 쭈글쭈글해지겠지. 볼품없는 막대기가 될 거야. 안 그래? 응? 듣고 있니? …무슨 말인지는 알겠어?"

"끔찍하군. 그런 건 꿈에도 생각해 본 적이 없어." 장미 나무가 몸을 부르르 떨었다.

"뭐, 그랬을 거야. 너는 사색하고는 담을 쌓고 지낸 녀석이니까. 존재에 대해 생각해 본 적은 있니? 왜 여기에 있는지 말이야? 네가 왜 하필 꽃을 피우는 건지, 왜 존재하며, 무엇인지 말이야. 생각해봤냐고?"

"아니, 전혀. 내 꽃들은 스스로 기쁨 속에서 솟아 나와. 나도 막을 방법이 없어. 그저 날이 따뜻하고 공기가 신선하면 저절로 되는걸. 난 이슬과 빗물, 흙과 공기에서 힘을 얻어. 그걸로 충분히 행복하고. 행복하면 기쁨 속에서 저절로 피어나는 거야. 다른 건 할 줄도 모르고."

"넌 참 게으르면서 편하게도 살았구나." 달팽이가 서슴없이 말을 뱉었다.

"맞아. 부족한 게 없었으니까. 하지만 넌 나보다 훨씬 더 많은 것을 누렸을 거야. 누구보다 깊이 생각하니까. 넌 재능이 넘쳐. 분명 세상을 놀라게 하겠지."

"세상을 놀라게 해! 난 그러지 않아." 달팽이가 더듬이를 움찔거렸다. "세상 따윈 내게 아무런 의미가 없어. 내가 왜 세상을 걱정하겠어? 난 내 안에 가지고 있는 것들로도 이미 충분해. 바깥세상 따윈 필요 없어."

"하지만 우린 서로에게 줄 수 있는 걸 주기 위해 최선을 다해야 하는 거 아니야? 난 세상에 장미꽃을 주는 재능 말곤 없어. 하지만 넌 나보다 훨씬 더 많은 재능을 가졌잖아. 세상에 무엇을 주었고, 무엇을 주려는 거야?"

"무엇을 주었고! 무엇을 주려고 거냐고! 침이나 뱉어 줬지. 세상 따윈 내게 아무런 의미가 없어. 쓸모가 없다고. 멈추지도 못한다고 하니 꽃이나 계속 피우고 있으렴. 개암나무는 열매나 맺고 소와 양들은 계속 우유나 짜내란 말이야. 누구에게나 자신이 속한 세상이 있는 거야. 내 세상은 내 안이라고. 바깥세상 따윈 내 알 바가 아니라고."

달팽이는 껍질 속으로 들어가 문을 굳게 걸어 잠갔다.

"정말 슬픈 일이군. 난 아무리 애를 써도 나 자신 속으로 들어갈 수가 없는걸. 가지들은 자꾸만 밖으로 뻗어나가고, 잎들도 활짝 벌려지고, 꽃잎들은 떨어져 바람에 실려 가는걸. 하지만 내 장미 한 송이는 누군가의 책갈피에 끼워졌고, 또 한 송이는 처녀의 가슴에 꽂혔지. 또 어떤 장미는 기쁨에 찬 아이에게 키스를 받은 적도 있어. 그 모든 게 나의 추억이고 삶이야." 장미는 조용히 미소를 머금었다.

장미 나무는 이후로도 꽃을 피웠고, 달팽이는 집에서 나오질 않았다.

세월은 흘러갔다. 장미 나무도, 달팽이도, 결국 모두 흙이 되었다. 누군가의 책갈피에 끼워졌던 장미도 이제는 흔적도 없이 사라졌다. 그러나 정원에서는 여전히 새로운 장미 나무가 꽃을 피웠고, 새로운 달팽이들이 여전히 아무런 의미가 없는 세상을 향해 침을 뱉었다.

이 이야기를 처음부터 다시 해볼까? 그런다고 별로 달라지진 않을 거 같다.

감정의 주인으로 살아가기

그러나 정원에서는 여전히 새로운 장미 나무가 꽃을 피웠고, 새로운 달팽이들이 여전히 아무런 의미가 없는 세상을 향해 침을 뱉었다.

자신에게 일어나는 일들이 아무런 의미가 없다고 말하는 달팽이의 마음은 진심이었을까요? 하루하루 일어나는 일들이 아무런 의미 없이 지나가기도 하지만, 그 일들에 의미를 부여하는 순간 그것을 바라보는 시선이 달라지게 됩니다.

어떤 사건이 생기면 감정을 느끼고, 생각하는 것은 당연한 일입니다. 때로는 내가 느끼는 감정에 흠뻑 젖어 느껴지는 감정에 솔직해지는 것이 필요합니다.

그 과정이 지나야 비로소 자신이 가진 감정에 대해 객관적으로 바라보고, 감정의 주인이 될 수 있는 기회를 맞이하게 될 것입니다.

다양한 감정을 느낌에도 불구하고,
마음을 표현하지 못하는 것은
어쩌면 내가 느끼는 것을 표현하는 것보다
'세상살이 다 그렇다.' 누구나 겪는 문제이니
예민할 필요 없다고 말하는 사람들 때문에
감정을 누르고만 있었던 것은 아닌가요?

감정을 느끼는 것은 결코 나약한 것이 아닙니다.
사건에 대해 드는 감정을 솔직하게 들여다보고,
행해지는 행동에 집중하십시오.

감정을 제대로 이해한다는 것은
감정의 노예가 되느냐 감정의 주인이 되느냐의 차이입니다.

올바른 감정표현은
성숙한 사람으로 살아갈 수 있는 권리입니다.

감정의 주인으로 살아가기 위한 방법

작성날짜 :

감정 단어

유쾌한 (긍정적인) 느낌			불쾌한 (부정적인) 느낌		
가슴 벅찬	뿌듯한	충만한	걱정되는	비참한	의기소침한
감동적인	사랑하는	찬란한	겁나는	서글픈	의로운
감사한	상쾌한	친근한	괴로운	서운한	절망스러운
고마운	설레는	편안한	난처한	슬픈	지루한
기대되는	신나는	평온한	놀란	실망스러운	지친
기쁜	안심되는	평화로운	당황스러운	쓸쓸한	창피한
기운나는	열정적인	행복한	막막한	안타까운	초조한
당당한	자랑스러운	홀가분한	무기력한	약오르는	피곤한
들뜬	재미있는	활기찬	분한	억울한	허무한
만족스러운	즐거운	흐뭇한	부끄러운	우울한	허탈한
반가운	짜릿한	흥미로운	불안한	울적한	혼란스러운

평소 내가 많이 사용하는 감정 단어를 적어보세요.

어떠한 일이 일어났을 때, 내가 느낀 감정은 무엇이고,
그것을 유발한 사건과 생각은 무엇이며,
어떤 신체 반응과 행동이 나왔는지 파악해
'나'에 대한 이해를 돕는 시간을 만들어 보세요.

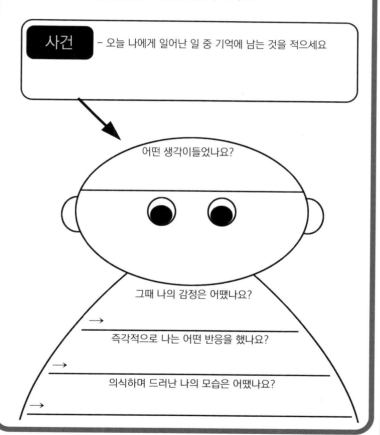

사건 - 오늘 나에게 일어난 일 중 기억에 남는 것을 적으세요

어떤 생각이 들었나요?

그때 나의 감정은 어땠나요?

→

즉각적으로 나는 어떤 반응을 했나요?

→

의식하며 드러난 나의 모습은 어땠나요?

→

하나의 사건이 발생하면 자연스럽게
그 사건에 따른 감정이 생기기 마련입니다.
하지만 우리는 순간순간 생기는 감정을 표현하기에는
예민하다는 평가를 받을까 봐 묻어두는 경우가 많습니다.
감정을 드러낸다는 것은 살아가고 있다는 증거입니다.
내 안에 존재하는 감정을 솔직하게 바라보고,
나만의 고유한 감정 색을 만들어보아요.

어쩌면 그것이 세상 살아가는 행복일지도 모릅니다.

나는 누가 나를 칭찬하거나 비난하든 개의치 않는다.
다만 내 감정에 충실할 뿐이다.

-볼프강 아마데우스 모차르트-

가는 거야.

갈 수 있어.

내 안에는 어떤 보석보다도

더 값지고 아름다운

갈망과 소망이 있으니까.

결심 3. 두꺼비

'나'를 사랑하기 위한 다짐

우물 속에는 두꺼비 가족이 살았다. 두꺼비 가족은 다른 곳에서 지금의 우물로 이사를 왔다. 늙은 엄마 두꺼비를 따라 이곳으로 떨어진 것이다. 이전부터 터를 잡고 살던 초록색 개구리들은 두꺼비 가족을 천적으로 받아들여 '우물의 손님'이라 불렀다. 그러나 손님들은 전혀 떠날 생각이 없었다. 그들은 축축한 돌멩이들 위에 터를 잡고 눌러앉았다.

엄마 개구리는 두레박 속에 뛰어들었다가 본의 아니게 바깥 세상으로 여행을 해본 적이 있었다. 두레박이 하늘 높이 들어올려지자 환한 빛이 일순간 갑자기 쏟아져 들어와 눈이 멀어버릴 지경이 되었다. 하지만 두레박이 다시 우물로 풍덩 하고 떨어져 다행히 빠져나올 수가 있었다. 그 소동으로 사흘간 허리 통증으로 고생했지만 말이다. 엄마 개구리는 바깥세상에 대해 사실 아는 게 그리 많지 않았지만, 그래도 가족들에게 우물이 이 세상의 전부는 아니라는 것 정도는 알려줄 수 있었다. 늙은 엄마 두꺼비라면 바깥세상에서 왔으니 아는 게 많았을 것이다. 하지만 엄마 두꺼비는 누가 물어봐도 대답을 해주질 않았다. 결국 개구리들은 계속 묻다가 제풀에 지쳐서 더는 캐묻지 않게 되었다. 다만 엄마 두꺼비에 관해서는 여전히 지치지 않고 떠들어댔다.

"두꺼비 아줌마는 뚱뚱하고 못생겼어요. 못생기고 뚱뚱하다고요. 애들도 아줌마 판박이에요!" 꼬마 초록색 개구리들이 떠들었다.

"하지만 내 자식들 중에는 머리에 보석이 들어있는 아이가 있어. 아니면, 내가 가지고 있을지도 몰라." 늙은 엄마 두꺼비가 말했다.

어린 두꺼비들은 자랑스럽게 뒷다리를 뻗고 고개를 세웠다. 그렇게 한참을 있다가 그들 머리에 있는 보석이란 것이 대체 무엇인지 궁금해졌다. 그래서 엄마 두꺼비에게 보석에 관해 물어보았다.

"굉장히 귀하고 값진 거지. 그건 말로 표현하기가 힘들지. 그걸 가지고 있다는 건 굉장한 행운이야. 주변에서 시기할 수도 있어. 그러니 더는 묻지 말아라, 답하지 않을 테니까."

"그럼, 난 보석을 가지고 있을 리 없어. 그렇게 화려한 건 나와 어울리지 않아. 주변에서 날 시기할 정도라면 더욱 갖고 싶지 않아. 그냥, 단 한 번이라도 우물 꼭대기에 올라가 보고 싶어. 바깥세상의 경치는 정말 아름다울 테니까!" 가장 못생긴 막내 두꺼비가 말했다.

"여기가 좋아. 자기가 잘 아는 곳이 가장 좋은 곳이지. 두레박을 늘 조심하고. 실수로 두레박에 들어가게 되거든 얼른 뛰어나오렴. 모두가 이 어미처럼 운 좋게 떨어지는 게 아니니까. 난 발 한쪽도 다치지 않았고, 알 하나도 잃지 않았어."

그래도 막내는 우물 위의 세상이 보고 싶었다. 다음 날 아침, 물을 가득 채운 두레박이 우연히 막내 두꺼비 앞에서 잠시 멈추었다. 막내 두꺼비는 때를 놓치지 않고 두레박으로 뛰어들었다. 두레박을 끌어 올린 청년은 막내 두꺼비 덕에 놀라 땅바닥에 물을 쏟아버렸다. 나막신으로 두꺼비를 차버리려고 했지만, 막내 두꺼비는 재빨리 쐐기풀 숲으로 몸을 숨겼다.

한숨을 돌린 막내 두꺼비는 주변을 천천히 둘러보았다. 쐐기풀 줄기와 이파리들 사이로 햇살이 비쳐들고 있었다.

"여긴 우물 속보다 훨씬 아름답구나. 여기라면 평생을 지내도 멋질 거 같아." 막내 두꺼비가 자리에 벌렁 드러누웠다. 한 시간 넘게 누워있던 막내 두꺼비는 생각이 바뀌었다. '이왕 여

기까지 왔으니까 더 멀리 가보자. 저 바깥세상이 어찌 생겼을지 궁금해.'

막내 두꺼비는 쇄기풀 숲을 지나 도로로 나왔다. 햇볕이 뜨겁게 내리쬐었다.

'그래, 여기가 진짜 육지군! 훨씬 좋은 일이 많을 거 같아. 벌써 몸이 근질근질하네.'

도로를 가로질렀다. 도랑에는 갖가지 꽃들이 피어있었다. 여러 색이 어우러진 모습이 장관이었다. 작은 나비가 주변을 어지럽게 날아다녔다. 그걸 본 막내 두꺼비는 나비가 자신처럼 바깥세상을 보고 싶어 하던 꽃이라 생각했다. 제법 그럴듯한 생각이었다.

막내 두꺼비는 먹지도 않고 8일 동안 도랑에서 지냈다. 9일째가 되던 날, 막내 두꺼비는 더 먼 곳으로 가보기로 했다.

"인생은 정말 근사해. 지금까지만 해도 굉장한 모험이었어. 하지만 다른 두꺼비나 개구리를 찾아봐야겠어. 벗이 없으면 재미가 없잖아. 아름답다고는 해도 자연만으론 부족해!"

거대한 들판을 지나자 갈대가 우거진 연못이 나왔다.

"여긴 지나치게 축축해서 당신이 올 만한 곳이 못 될 수도 있지만, 환영합니다. 잘 오셨어요."

연못에서 지내던 개구리들이 말했다. 개구리들은 두꺼비에게 호의를 보이고 마실 물도 많았지만, 막내 두꺼비는 그곳에서 오래 머물지 않았다. "난 다시 여행을 떠나겠소." 막내 두꺼비는 자꾸만 더 나은 것에 대한 갈증을 느꼈다.

'난 여전히 우물 안에 있는 거야. 조금 큰 우물일 뿐이지. 조금 더 높은 곳으로 가야 해. 내 마음속의 뜨거운 기운이 날 내버려 두질 않는군.'

보름달이 떠오른 걸 본 두꺼비는 두레박을 떠올렸다. 저 두레박에 올라타면 더 높은 곳으로 갈 수 있을 것만 같았다. 그러다 해님이 보름달보다 크단 생각까지 하게 되었다.

'해님은 우리가 모두 다 뛰어들어도 괜찮을 거야. 기회를 봐서 뛰어들어야지. 엄청 높은 곳으로 오르겠지? 아, 머릿속에 생각이 너무 많아. 활활 타오르는 거 같아. 어떤 보석도 이보다 강렬하게 빛나진 않을 거야. 그렇지만 내겐 보석이 없지. 그래도 괜찮아. 난 단지 더 멋진 아름다움을 향해 높이, 높이, 오르고 싶을 뿐이야. 좀 두렵긴 하지만 첫걸음을 내딛는 게 어려울 뿐이지. 난 계속 나아갈 거야.'

결심을 굳힌 막내 두꺼비는 힘차게 앞으로 나아갔다. 도로를 지나 사람들이 사는 곳에 이르렀다. 그곳에는 채소밭과 꽃밭이 있었다.

"여긴 아름다운 초록 세상이구나. 한 번도 못 본 별난 생물들이 많구나. 역시 세상은 참으로 크고 아름답단 말이야! 그러니까 한 곳에만 머물 순 없어. 여기저기를 다니면서 견문을 계속 넓혀야 해."

막내 두꺼비는 고개를 들어 높은 곳을 올려다보았다. 한 농가의 지붕 위에 황새 둥지가 보였다. 아빠 황새와 엄마 황새가 긴 부리로 재잘거렸다.

농가에는 시인과 과학자가 살았다. 모두 착한 젊은이들이었다. 시인은 세상 만물을 마음에 비치는 대로 즐겁게 노래했다. 과학자는 사물을 관찰하고 조사했으며, 필요에 따라 해부도 서슴없이 해치웠다.

"저길 봐, 두꺼비가 있군. 알코올에 담가 표본으로 써야겠어." 과학자가 말했다.

"표본은 이미 두 개나 있지 않은가. 이건 놔주게." 시인이 말했다.

"그래도 저 녀석은 정말 기가 막히게 못생겼는걸."

"자네가 두꺼비 머릿속에 보석이 있다고 확신한다면 해부를 돕겠네." 시인이 웃으며 말했다.

"보석? 자넨 동물들에 대해서는 잘 모르는 줄 알았더니." 과학자가 의외라는 듯이 시인을 돌아봤다.

"오래전부터 전해오던 이야기야. 가장 추한 두꺼비의 머릿속엔 보석이 감추어져 있단 이야기. 이솝이나 소크라테스를 떠올려 보게. 그들의 못생긴 머릿속엔 보석이 들어 있었잖은가?"

막내 두꺼비는 그들의 이야기를 절반도 이해할 수 없었다.

다행히 두 친구는 계속 걸었으며, 두꺼비는 표본이 되는 위기를 넘길 수 있었다.

"저들도 보석에 대한 이야길 했어. 보석을 가지지 않아 천만다행이야." 막내 두꺼비가 조용히 중얼거렸다.

그때 농가의 지붕 위에 있는 아빠 황새의 소리가 들려왔다. 아빠 황새가 눈은 아래로 둔 채로 가족들에게 연설하고 있었다. 시인과 과학자를 경계했기 때문이다.

"사람은 가장 거만한 것들이야. 그들은 쉬지 않고 말하며 말을 잘한다고 뻐기지만, 우리가 단 하루 만에 갈 수 있는 곳에 데려다 놓으면, 그들은 서로 의사소통조차 못 해. 우리 황새들은 덴마크나, 이집트, 인도, 아니, 세계 어디를 가도 다 같은 말들을 쓰지만, 인간들은 그렇지 않거든. 서로 전혀 알아듣지를 못하지. 게다가 날지도 못하고. 그래서 인간들이 없어도 세상은 존재할 수 있어. 그들이 없어도 우린 언제나 잘 지낼 수 있단 말이지. 우린 개구리와 지렁이만 있으면 되니까."

막내 두꺼비는 황새가 대단하다고 생각했다. '황새는 매우 중요한 동물이구나. 아주 높은 곳에서 사니까. 지금까지 저만큼 높은 곳에서 사는 동물은 본 적이 없어.'

"맙소사, 헤엄도 잘 치는구나!" 황새가 날개를 활짝 펴고 하늘을 날아오르는 걸 본 막내 두꺼비가 외쳤다.

엄마 황새는 둥지에서 새끼들에게 이집트와 나일강의 물결에 관해 이야기해주었다. 낯선 나라의 엄청난 늪에 대해서도. 막내 두꺼비에겐 충격적인 이야기들이었다.

마침내 두꺼비는 큰 결심을 했다. "이집트로 가야겠어! 엄마 황새나 새끼 황새가 데려다줄지도 모르지. 그렇게만 해준다면, 평생을 황새에게 봉사할 테야. 그래, 이집트야. 이집트로 가는 거야. 갈 수 있어. 내 안에는 어떤 보석보다도 더 값지고 아름다운 갈망과 소망이 있으니까."

그렇다. 이것이 바로 보석이었다. 머릿속에 보석을 가진 두꺼비는 바로 막내 두꺼비였다. 높은 곳을 향한 영원한 동경과 소망, 그것이야말로 찬란한 보석이었으며, 환희와 소망으로 타오르는 불꽃이었다.

(후략)

'나'를 사랑하기 위한 다짐

가는 거야. 갈 수 있어.
내 안에는 어떤 보석보다도 더 값지고
아름다운 갈망과 소망이 있으니까.

높은 곳을 향한 동경과 소망을 가진 막내 두꺼비.
우리가 처음 세상을 내디딜 때 모습이었는지도 몰라요.
스스로 한계를 만들지 않고, 더 넓은 세상으로 나아가는 막내
두꺼비의 보석은 우리 안에도 있습니다.

다른 사람의 이야기에 자신의 삶을 맞춰가는 것이 아닌
자신의 마음이 염원하는 것을 찾아 떠나가는 막내 두꺼비처럼
우리도 우리가 원하는 것을 향해 나아갈 수 있도록 해요.

그 누구도 나를 대신해서 살아줄 수 없다는 것을
잘 알고 있습니다.
그럼에도 불구하고, 우리는 나에게 집중하기보다
타인에게 집중해 내가 원하는 것을 잃어버리며 살아갑니다.

내가 나를 위해서 내 삶을 살지 않는다면
누가 나를 위해서 살아줄 수 있을까요?

나의 행복을 위해서
내 마음의 스위치를 켜십시오.
그리고 오직 나에게 집중하십시오.

나를 위한 삶을 살아갈 수 있도록…

'나'를 사랑하기 위한 다짐

작성날짜 :

방법	'나'의 다짐
'나'의 다짐 – 나를 지키기 위한 다짐을 적어요 – 나를 사랑하기 위한 이상적인 모습은 무엇인가요? – 현재 가진 문제나 모습을 개선하기 위해서는 어떻게 해야 하나요? 예시) · 부정적인 생각을 한다 – 나는 할 수 있다 외치기 · 감정을 숨긴다 – 감정을 솔직하게 표현 · 못한 것만 생각한다 – 하루에 하나 칭찬하기	1. 2. 3. 4. 5. 6. 7. 8. 9. 10.

아침에 눈 떠서 제일 먼저 내게 해주고 싶은 말

잠들기 전 내게 해주고 싶은 말

매일 세 번 나에게 말하세요.

그 누구의 사랑보다

나의 사랑이 가장 큰 값어치를 지니고 있습니다.

세상에서 가장 멀고도 가까운 길은
머리에서 가슴으로 가는 길.
가슴에서 손발로 가는 길.
진정한 자기 자신에게 가는 길.

자신에게 가장 훌륭한 스승은 자기 자신이다.

자신이야말로 자신을 가장 잘 알고 있고,

자신만큼 자신을 격려해주고 존중해주는 스승은 없다.

-탈무드-

Memo.
읽고 실천하며 느낀 점들을 정리해보아요.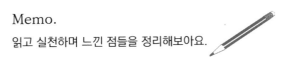

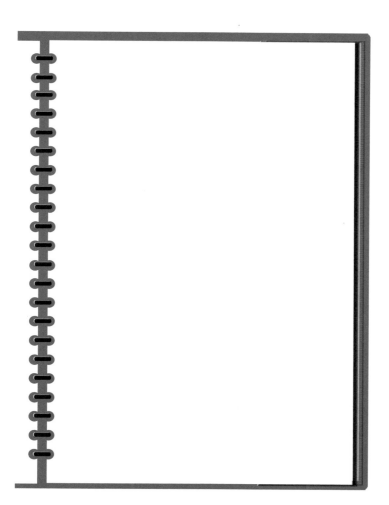

Memo. 223

책을 마무리하며.

인간이 성장하기 위한 최소한의 조건

- 편집자 문수림

아주 뜻깊은 작업이었습니다. 교육 현장 최전선에서 활약하고 있는 분의 시선으로 세상을 본다는 건 제가 상상하던 것과는 완전히 다른 것이었습니다. 오로지 결과를 위한 스펙(spec) 쌓기를 위해 강한 자극의 동기부여만을 보여줄 거로 생각했던 건 온전히 저의 착각이었습니다.

이음교육이 추구하는 이상은 결국 무너진 인간성의 회복이었습니다. 지극히 인문학적인 감성, 인간을 향한 인간의 접근이라 작업을 논의하는 시점에서부터 제 마음은 크게 흔들렸습니다.

단순히 남들보다 아침에 일찍 일어나 하루를 설계한다거나 성장목표와 그 과정을 일일이 메모하는 건 사실 모두 기계적인 방법들이며, 그런 방법들만을 포장하여 만들어진 자기계발서들은 시중에 차고 넘치는 게 현실입니다. 그래서 저 역시 처음 작업을 의뢰받았을 때만 해도 그저 그렇고 그런 일거리가 하나 더 생겼다는 정도로만 생각했었던 게 사실입니다. 그렇지만 첫 미팅에서부터 그런 생각이 완전히 뒤집혀버린 겁니다.

오늘을 사는 우리들은 그 어떤 세대들보다 자존감을 중요시하지만, 실제 살아가고 있는 삶은 누군가의 을(乙)이거나, 부하이거나, 마땅히 내질렀어야 할 말을 참으며 비굴하게 고개를 숙여야만 하루를 더 버틸 수 있는 삶인 경우가 허다합니다. 그러니 패배감과 열등감, 비굴한 마음만을 잔뜩 안은 채 기계적으로 방법들을 익힌다고 한들 그게 제대로 작동할 수 있을지 의문이었습니다.

그런데 첫 미팅 때 안데르센 동화전집을 건네받은 겁니다. 그걸로 더 많은 설명이 필요하진 않았습니다. 결국 인간이 성장하기 위해선 자기치료와 흔들리지 않는 밑바탕을 다지는 것에서부터 시작되어야 한다는 평소 제 생각과 정확히 일치했던 것이죠. 게다가 그 과정을 위해 잃어버린 동심을 찾아가는 것부터 시작해보자는데, 거기서 굳이 이견을 말할 필요가 없었습니다.

회의 과정에서 더 필요했던 건 어디까지나 내지 및 표지 디자인 완성을 위한 얼마간의 조율뿐이었습니다. 그만큼 전체적인 구성을 풀어내는데 많은 에너지를 쓸 필요가 없었던 겁니다.

물론, 전체적인 모든 작업 과정이 수월했던 것은 아닙니다. 이미 모두가 익히 알고 있는 고전 명작동화를 현시대에 다시 불러온다는 건 매우 위험한 모험이니까요.

무엇보다 원작에서 말하고자 했던 작가의 주요 메시지보단 그간 주목하지 않았던 다른 부분, 다른 가치들을 확대하여 현대의 독자들에게 전달한다는 것이 과연 원작자가 바라던 작업인지, 그의 명예에 누가 되기만 하는 일은 아닌지, 압박감이 상당할 수밖에 없습니다. 게다가 앞서 원작을 번역한 많은 분들이 있으신데, 모두가 하나같이 대단한 실력자들이십니다. 저의 미흡한 글솜씨로는 근처에도 닿기 힘들 것 같아 그 역시도 압박감이 상당했습니다.

그래서 결국 압박감을 견디지 못하고 다른 방법을 택했습니다. 원작의 기본적인 구성요소, 뼈대만을 남겨둔 채 나머지는 모두 요즘 시대의 감각에 맞게 재구성하여 기존과 다른 창작물로 만들었습니다. 원작의 원문과는 다른 문체, 원작의 모든 문장을 담는 게 아니라, 전하고자 하는 메시지에 따라 간결한 형태로 대폭 축약하는 걸로요.

그 외에는 어디까지나 시각적인 디자인 요소 얼마가 전부였습니다. 나머지는 모두 이음교육 측에서 제공한 초기 기획안대로 이루어진 작업이라 모든 작업이 수월하였으며, 즐거웠습니다. 덕분에,

다음에 함께할 작업도 기대하고 있습니다.

우리를 지탱시켜줄 마음의 받침을 찾아가는 길고 긴 여정이 이번 한 권으로 끝날 리가 없으니까요.

마음받침
- 퇴근길에 만난 안데르센

나, 너, 우리.
행복한 삶을 찾기 위한 자기 성장 지침서

2022년 5월 25일 초판 1쇄 발행

글 | 윤지영
편집 총괄 | 문수림
발행인 | 이경민

기획 | 윤지영, 문수림
제작 및 마케팅 | 이경민

발행처 | 1인출판사 15번지
브랜드 | ium

출판사 연락처
전화 | 010-5148-9433
이메일 | novelstudylab@naver.com
홈페이지 | http://novel15.net

이음교육 윤지영 연락처
전화 | 010-8840-0753, 053-811-2096
이메일 | ium-edu@naver.com
홈페이지 | http://iumedu.kr

ISBN 979-11-975591-3-6

도서 제작 과정에서 다음과 같은 폰트들이 사용되었습니다.
'KoPub돋음체, KoPub바탕체, 합초롬돋움, 상상토끼 꽃길, Sandoll 미생.'
창작자들을 위해 무료로 배포해준 폰트 제작자 여러분들에게 지면을 빌어 감사한 마음을 전합니다.